Inhalt

Berichten

Autor: Peter Mende

Zeitformen des Verbs

Autor: Peter Mende

Herausgeber:

Herta Heindl unterrichtet an einer integrierten Gesamtschule die Fächer Deutsch und Gesellschaftslehre. Ihr Tätigkeitsschwerpunkt liegt seit längerem in der Arbeit als Trainerin für das Projekt „Pädagogische Schulentwicklung“ des EFWI (Lehrerfortbildungsinstitut der ev. Kirchen) in Landau/Pfalz.

Markus Kuhnigk ist Lehrer für Deutsch und Katholische Religion an einem hessischen Gymnasium. Er ist am Studienseminar Gießen als Ausbildungsbeauftragter tätig und arbeitet in der Lehrerfortbildung.

Autor:

Peter Mende unterrichtet an einer niedersächsischen Haupt- und Realschule die Fächer Deutsch, Musik und Mathematik. Er ist als Trainer zur systematischen Verbesserung der Unterrichtsqualität in Niedersachsen tätig. Zudem bildet er neue Trainer in diesem Bereich aus.

Berichten

Der Lern- und Arbeitsprozess

A Vorwissen und Voreinstellungen aktivieren

LS 01 Berichtssituationen durch Bildassoziationen erkennen ▶ Berichtssituationen auf Bildern erkennen und beschreiben ▶ Beispiele zu Berichtssituationen und Adressaten sammeln ▶ Vergleich der Beispiele in Zufallsgruppen ▶ Begriffssterne zu thematischen Leitfragen entwerfen und präsentieren

LS 02 Beispieltexte auswerten und eigene Berichte reflektieren ▶ Beispielberichte untersuchen ▶ Abgleich und Präsentation der Ergebnisse ▶ mündliche Wochenendberichte vorbereiten ▶ Reflexion in Zufallsgruppen ▶ erste Tipps zum Thema verfassen

B Neue Kenntnisse und Verfahrensweisen einüben

LS 03 Einen Infotext zum sachlichen Stil erschließen ▶ eine mündliche Erzählung und einen schriftlichen Bericht auf sprachliche Unterschiede untersuchen ▶ Wirkungen erzähltypischer Formulierungen beschreiben ▶ Infotext lesen und regelgebunden markieren ▶ Informationsaustausch in Tandems ▶ Merksätze in Gruppen formulieren ▶ Präsentation

LS 04 Ein Würfelspiel zum Passiv entwickeln ▶ Schaubild zum Passiv lesen ▶ Verständnisfragen klären ▶ Aktivsätze aus Satzteilen bilden und in Passivsätze umformen ▶ Vergleich der Ergebnisse in Zufallsgruppen ▶ Spielkarten für ein Würfelspiel entwickeln ▶ Würfelspiel durchführen

LS 05 W-Fragen anhand eines Zeitungsberichtes erarbeiten ▶ Zeitungsartikel lesen und Spickzettel anfertigen ▶ Doppelkreis ▶ W-Fragen beantworten ▶ Antworten auswählen und auf Karten notieren ▶ Puzzle zu verallgemeinerten Antworten auf W-Fragen legen ▶ Kartenpräsentation in vorstrukturierter Übersicht ▶ HA: Bericht unter Berücksichtigung der W-Fragen schreiben

LS 06 Funktion, Inhalt und Stil der Einleitung klären ▶ Beispieleinleitung untersuchen ▶ Merksätze auf Folienstreifen notieren ▶ Präsentation und Einigung auf treffende Merksätze ▶ Informationen zu stilistischen Aspekten in Gruppen erlesen ▶ Schreiben von Einleitungssätzen auf Basis vorgegebener Satzteile ▶ Präsentation ▶ HA: Schreiben einer Einleitung zu einem Ereignis

LS 07 Mit Bildern die Ereignisfolge im Hauptteil strukturieren ▶ Informationen einer mündlichen Kommunikationssituation ordnen ▶ Abgleich der Ergebnisse in Tandems ▶ Bilder zu einem Ereignis chronologisch ordnen ▶ mündlicher Bericht auf Basis der Bilderfolge ▶ HA: Schreiben des Hauptteils zur Bilderfolge

LS 08 Einen Lehrervortrag zu den Funktionen des Schlusses erschließen ▶ Lehrervortrag zu Schlussfunktionen auswerten ▶ Wiederholen des Vortrags in Tandems ▶ Schlusssätzen Funktionen zuordnen ▶ Wortfeldarbeit zu Schlusssätzen

LS 09 Ein Schema zum Aufbau des Berichts entwickeln ▶ Sätze eines Berichts in eine sinnvolle Reihenfolge bringen ▶ Sätze und W-Fragen den Teilen des Berichts zuordnen ▶ Entwurf eines Plakats zu Aufbau und typischen Merkmalen des Berichts ▶ Vortrag und Präsentation im Plenum

LS 10 Das Präteritum als Zeitform des schriftlichen Berichts erkennen ▶ Verben in einem Bericht unterstreichen ▶ Verben im Präteritum markieren ▶ Präteritumverben auf Karten schreiben ▶ Präsentation im Plenum ▶ Lösen eines Gitterrätsels

C Komplexe Anwendungs- und Transferaufgaben

LS 11 Einen schematischen Schreibplan entwickeln ▶ Infotext lesen und Spickzettel anfertigen ▶ Partnervortrag ▶ Entwurf eines Formulars zum Sammeln wichtiger Informationen ▶ Vergleich und Feedback im Plenum ▶ Schreibplan anfertigen ▶ HA: Bericht mit Hilfe des Schreibplans formulieren

LS 12 Berichte nach Bildern und Skizzen kriterienorientiert schreiben ▶ Checkliste lesen und unklare Punkte klären ▶ Bericht schreiben ▶ Überarbeitung in einer Schreibkonferenz ▶ Reinschrift

Abkürzungen und Siglen

LS = Lernspirale
LV = Lehrervortrag
EA = Einzelarbeit
PA = Partnerarbeit
GA = Gruppenarbeit
PL = Plenum
HA = Hausarbeit/Hausaufgabe
M = Material

L = Lehrerin oder Lehrer
S = Schülerinnen und Schüler

In den Erläuterungen zur Lernspirale wird für Lehrerinnen und Lehrer bzw. für Schülerinnen und Schüler ausschließlich die männliche Form verwendet. Dabei ist die weibliche Form stets mitgemeint.

Hinweis zum Zeitansatz
Eine Lernspirale ist für 90 (45) Minuten konzipiert. In der Regel wird nicht die volle Unterrichtszeit verplant, sondern pro Lernspirale ein Zeitpuffer von 5–10 Minuten einkalkuliert (um aufzuräumen, organisatorische Alltagsgeschäfte zu erledigen oder Schülern ein Feedback zu geben).
Je nach Größe und Leistungsstärke der Lerngruppe muss der Zeitansatz, der im Stundenraster für jede Unterrichtsphase ausgewiesen ist, entsprechend angepasst werden.

Klippert

LS 01 Berichtssituationen durch Bildassoziationen erkennen

		Zeit	Lernaktivitäten	Material	Kompetenzen
1	EA	10′	S betrachten Bilder und formulieren pro Bild einen Satz zum Inhalt.	S 01.1	- Bilder kommentieren - Bildaussagen und Vorwissen verknüpfen - eigene Gedanken strukturiert äußern und begründen - aktiv zuhören - Notizen strukturieren - anschaulich über Arbeitsergebnisse informieren - ein Plakat gestalten - einen kurzen Vortrag halten - zielgerichtet und kooperativ arbeiten - verständlich schreiben
2	PA	10′	S lesen ihre Sätze einem Zufallspartner vor und teilen sich weitere Gedanken zu den Bildern mündlich mit.	S 01.2	
3	PA	10′	S notieren im Schülerheft, wann und worüber bzw. wo und wem berichtet werden kann.	S 01.3	
4	GA	15′	In Zufallsgruppen einigen sich S auf je acht Beispiele und entwerfen Begriffssterne, um die sie ihre Beispiele anordnen.	S 01.4	
5	GA	20′	S übertragen die Begriffssterne auf einen Plakatbogen und bereiten einen Kurzvortrag darüber vor, wann und worüber bzw. wo und wem berichtet werden kann.	S 01.5	
6	PL	15′	Vertreter ausgeloster Gruppen halten ihre Kurzvorträge und setzen dabei die Plakate ein. Die vorgestellten Beispiele werden im Plenum diskutiert und ergänzt.		
	HA		Zur Vorbereitung der nächsten Lernspirale lesen die S die Textbeispiele im Schülerheft auf Seite 4 und 5. Sie notieren ihre Überlegungen bzgl. Informationsgehalt und Verständlichkeit.	S 02.1	

Erläuterungen zur Lernspirale

Ziel der Doppelstunde ist es, die Schüler über die Darstellung verschiedener Berichtssituationen zum Thema ‚Berichten' hinzuführen. Bilder aktivieren ihr Vorwissen zu verschiedenen Berichtssituationen, -anlässen und -medien, um so den Sinn dieser informierenden Schreibform zu verdeutlichen.
Der Zeitansatz ist großzügig bemessen. In leistungsstärkeren Lerngruppen können die einzelnen Phasen entsprechend verkürzt werden.
Der 4. Arbeitsschritt (Entwurfsphase für das Plakat) kann unter Umständen ganz wegfallen.

Zum Ablauf im Einzelnen:
Die Bilder im **1. Arbeitsschritt** geben den Schülern Gelegenheit, sich Situationen, über die berichtet werden kann, vor Augen zu führen. Für jedes Bild halten die Schüler in einem Satz fest, was darauf zu sehen ist. Vermutungen sind erlaubt.

Im **2. Arbeitsschritt** lesen sich die Tandempartner ihre Sätze vor. Ergänzt werden diese durch mündliche Erläuterungen, in die persönliche Erfahrungen einfließen können. Die Schüler erhalten so die Gelegenheit, sich dem Thema aus ihrer eigenen Lebenswirklichkeit zu nähern.

Eigene Beispiele zu verschiedenen Berichtssituationen sollen die Schüler im **3. Arbeitsschritt** stichwortartig formulieren. Hierbei sollen sie Ereignis, Medium und Adressat variieren.

Die Leitfragen:
- Wann und worüber kann berichtet werden?
- Wo und wem kann berichtet werden?

dienen dabei als Hilfestellung.

Im **4. Arbeitsschritt** tragen die Schüler ihre Ergebnisse in Zufallsgruppen zusammen und einigen sich auf mindestens acht Beispiele pro Leitfrage (s. Arbeitsschritt 3). Auf einem DIN-A3-Blatt entwerfen sie ein Plakat, auf dem sie ihre ausgewählten Beispiele um zwei Begriffssterne gruppieren. Da es sich um ein vorstrukturiertes Plakat handelt, kann in geübten Lerngruppen diese Entwurfsphase entfallen.

In der Gruppenarbeit des **5. Arbeitsschritts** wird der Entwurf auf ein Plakat übertragen. Die Begriffssterne müssen nicht gezeichnet werden. Schneller geht es, wenn man zwei zu Quadraten geschnittene gelbe Blätter um 45° versetzt übereinanderklebt. Nach der Herstellung der Plakate üben die Schüler einen kurzen Vortrag, in dem die Leitfragen mit Hilfe des Plakats beantwortet werden.

Im **6. Arbeitsschritt** halten ausgeloste Vertreter der Arbeitsgruppen ihre Vorträge im Plenum (maximal zwei bis drei Vorträge). Abschließend werden die in den Vorträgen vorgestellten Beispiele zu den Leitfragen diskutiert und ergänzt.

✓ Merkposten
- Losgegenstände
- DIN-A3-Bögen
- Plakatbögen
- Stifte und Kleber
- Befestigungsmaterial
- gelbes Papier DIN A4

LS 02 Beispieltexte auswerten und eigene Berichte reflektieren

		Zeit	Lernaktivitäten	Material	Kompetenzen
1	HA		Vorbereitende HA: S lesen die Textbeispiele und notieren ihre Überlegungen bzgl. Informationsgehalt und Verständlichkeit.	S 02.1	- Sinn erfassend lesen - lineare Texte auswerten - informierende Textfunktion erfassen - Informationen entnehmen - Gedanken strukturiert äußern - eigene Meinung begründen - Stichwörter aufschreiben - Notizen anfertigen - Gesprächsregeln einhalten - Notizen zur Wiedergabe nutzen - aufmerksam zuhören - kooperativ arbeiten - in lesbarer Handschrift schreiben - artikuliert und verständlich reden - verständlich informieren
2	PA	10′	S stellen einander ihre Überlegungen vor. Sie einigen sich auf ein Textbeispiel und bereiten eine der Aufgabe entsprechende Kurzpräsentation vor.	S 02.2	
3	PL	10′	Vier ausgeloste Schülertandems präsentieren ihre Ergebnisse.		
4	EA	10′	S notieren stichwortartig ihre Wochenenderlebnisse in dem dafür vorstrukturierten Kasten.	S 02.3	
5	GA	20′	S berichten mündlich von ihren Wochenenderlebnissen und entscheiden sich für den genauesten und verständlichsten Bericht. Sie reflektieren die Gründe für ihre Auswahl und formulieren aus ihren Überlegungen drei Tipps zum Berichten.	S 02.4	
6	PL	20′	Der S, für dessen Bericht sich die Gruppe entschieden hat, und ein gelostes Gruppenmitglied präsentieren den Bericht und dann die Tipps.		
7	PL	10′	Die Tipps werden ergänzt, bzgl. ihrer Sinnhaftigkeit reflektiert und anschließend ins Heft übertragen.	S 02.5	

✓ Merkposten

- Losgegenstände
- Moderationskarten
- Filzstifte
- Befestigungsmaterial

Erläuterungen zur Lernspirale

Ziel der Doppelstunde ist, die Schüler zum Thema Berichten hinzuführen und sie anhand von Textbeispielen über die unterschiedliche Qualität von Berichten nachdenken zu lassen. Dabei setzen sie sich mit unterschiedlichen Formen der mündlichen und schriftlichen Wiedergabe von Ereignissen auseinander, die sie aus ihrer Lebenswirklichkeit kennen.

Zum Ablauf im Einzelnen:
Im **1. Arbeitsschritt** lesen die Schüler die Berichtsbeispiele. Sie entscheiden intuitiv, welche Beispiele die informativsten und verständlichsten sind. Sie vermuten, welche Gründe es dafür gibt, und notieren diese Gründe (vorbereitende HA). Dabei kommt es noch nicht auf eine Vollständigkeit der Berichtsmerkmale und deren exakte Formulierung an. Äußerungen wie „Domenic erzählt alles durcheinander", „die Schüler erzählen unwichtige Dinge", „im Zeitungsbericht stehen die meisten Informationen" sind durchaus angemessen.

Im **2. Arbeitsschritt** stellen einander die Tandempartner ihre Auswahl und ihre diesbezüglichen Überlegungen vor. Sie einigen sich auf einen Text und bereiten in Stichworten eine kleine Präsentation vor. Sie legen dar, für welchen Text sie sich entschieden haben und warum dieser sie besser und verständlicher informiert hat als die anderen.

Die Gründe für die Textauswahl können im Plenum während des **3. Arbeitsschritts** erweitert werden. Zur Unterstützung der Präsentation können die vier Textbeispiele auf Folie kopiert werden. So können die präsentierenden Tandems besser auf einzelne Textstellen verweisen. Der Zeitansatz verändert sich dann entsprechend.

Der **4. Arbeitsschritt** dient der Vorbereitung eines eigenen kleinen mündlichen Berichts. In einem vorstrukturierten Schreibkasten notieren die Schüler einige Stichwörter zu ihren Erlebnissen am vergangenen Wochenende. Dabei versuchen sie, ihre Erkenntnisse aus den vorangegangenen Arbeitsschritten zu berücksichtigen.

Im **5. Arbeitsschritt** berichten die Schüler in Zufallsgruppen von ihren Wochenenderlebnissen. Sie entscheiden sich für den verständlichsten und informativsten Bericht und begründen ihre Wahl. Sie leiten daraus drei Tipps zum Berichten ab, die sie auf drei Karten schreiben.

Der ausgewählte Bericht wird durch dessen Verfasser im **6. Arbeitsschritt** präsentiert. Ein zusätzlich ausgelostes Gruppenmitglied erläutert die Tipps. Die Karten mit den Tipps werden an die Tafel gepinnt und von den anderen Gruppen ergänzt.

Im **7. Arbeitsschritt** werden die Tipps im Plenum besprochen und anschließend ins Heft übertragen.

LS 03 Einen Infotext zum sachlichen Stil erschließen

		Zeit	Lernaktivitäten	Material	Kompetenzen
1	EA	10′	S lesen eine Erzählung und einen Bericht zu einem Unfall, stellen sprachliche Unterschiede fest und notieren diese in Stichworten.	S 03.1	- sprachliche Gestaltungsmittel und ihre Wirkung erkennen - Texte analytisch vergleichen - Sprech- und Schreibweisen unterscheiden - Stichwörter aufschreiben - Schlüsselwörter und Nebeninformationen markieren und unterstreichen - Sinn erfassend lesen - einem Text Informationen entnehmen und zusammenfassen - über Arbeitsergebnisse informieren - Notizen zur Wiedergabe nutzen - Präsentationstechniken nutzen - aufmerksam zuhören - zielgerichtet und kooperativ arbeiten
2	PA	5′	In Zufallstandems diskutieren die S ihre Notizen.	S 03.2	
3	PA	10′	S untersuchen bestimmte Formulierungen der Erzählung auf ihre Wirkung beim Leser.	S 03.3, 4	
4	PL	5′	Ein Tandem präsentiert seine Ergebnisse. Feedback durch S und L.		
5	EA	10′	S lesen einen Infotext zum sachlichen Stil und markieren ihn nach der 3-Stufen-Methode.	S 03.5	
6	PA	5′	S vergleichen ihre Markierungen und tauschen ihr aus dem Infotext erworbenes Wissen aus.	S 03.6	
7	GA	25′	S formulieren mindestens fünf Merksätze zum sachlichen Stil, korrigieren die Merksätze einer anderen Gruppe, überarbeiten anschließend ihre eigenen Sätze und übertragen diese auf Folie.	S 03.7, 8, 9	
8	PL	10′	Vertreter ausgeloster Gruppen präsentieren ihre Merksätze mit dem Overhead-Projektor. Feedback durch S und L.		
	HA		S übertragen ihre Merksätze ins Deutschheft.		

Erläuterungen zur Lernspirale

Ziel der Doppelstunde ist es, den Schülern den Unterschied zwischen einer Erzählung und einem Bericht zu verdeutlichen. Entscheidend ist, dass sie die Besonderheiten des sachlichen Stils begreifen. Sie lernen, dass auf die Schilderung von Gefühlen und Empfindungen, das Erzeugen von Spannung, das Benutzen blumiger Adjektive und die Verwendung direkter Rede beim Schreiben eines Berichts verzichtet werden muss.
Sollte keine Doppelstunde zur Verfügung stehen, kann nach dem 5. Arbeitsschritt eine Zäsur erfolgen.

Zum Ablauf im Einzelnen:
Im **1. und 2. Arbeitsschritt** lesen die Schüler beide Texte unter besonderer Beachtung der Sprache. Sie stellen zunächst selbstständig einige sprachliche Unterschiede beider Textsorten fest und notieren diese in Stichworten bzw. Stichwortsätzen. Anschließend vergleichen und diskutieren sie gemeinsam mit einem Zufallspartner ihre Ergebnisse.

Im **3. und 4. Arbeitsschritt** sollen die Schüler einige Formulierungen der Erzählung genauer untersuchen. Dabei überlegen sie zunächst, welche Wirkungen die ausgewählten Ausdrücke beim Leser erzeugen könnten. Anschließend sollen sie in der Erzählung weitere Ausdrücke mit ähnlichen Wirkungen suchen. Damit schärfen sie ihren Blick für Formulierungen, die einem sachlichen Stil entgegenwirken.

Im **5. und 6. Arbeitsschritt** beschäftigen sich die Schüler gezielt mit den Besonderheiten des sachlichen Stils, indem sie einen Informationstext lesen, diesen sachgerecht markieren und sich anschließend über seinen Inhalt austauschen. In ungeübten Lerngruppen bietet es sich an, die 3-Stufen-Methode des Markierens zu wiederholen. Sie wird im Schülerheft in Kurzform beschrieben.

Im **7. Arbeitsschritt** formulieren die Schüler Merksätze zum Sachstil. Sie schreiben ihre Merksätze zunächst auf ein Blatt Papier und formulieren sie so eindeutig, dass eine andere Gruppe die Sätze verstehen kann. Anschließend werden die Blätter mit den Merksätzen unter den Gruppen neu verteilt, korrigiert und ergänzt (ruhig mit roter Farbe). Die korrigierten Merksätze kommen zurück zur ursprünglichen Gruppe, werden überarbeitet und auf eine Folie übertragen.

Im **8. Arbeitsschritt** präsentieren Vertreter ausgeloster Gruppen am Overhead-Projektor ihre Merksätze.

✓ Merkposten
- Losgegenstände
- Stifte zum Markieren
- Folien und Folienstifte
- Overhead-Projektor

LS 04 Ein Würfelspiel zum Passiv entwickeln

		Zeit	Lernaktivitäten	Material	Kompetenzen
1	EA	10′	S lesen die Infokästen zur Bildung des Passivs und notieren Verständnisfragen.	S 04.1	- Aktiv/Passiv als grammatische Kategorie kennen und nutzen - nichtlineare Texte auswerten (Schaubild) - Informationen entnehmen - gezielt nachfragen - instruierende Texte verstehen - Arbeitsaufträge korrekt umsetzen - zielgerichtet arbeiten und kooperieren - aktiv zuhören - in gut lesbarer Handschrift schreiben
2	PA	15′	S erläutern sich gegenseitig die Bildung des Passivs. Anschließend verbinden sie Satzteile zu sinnvollen Aktivsätzen und formen diese zu Passivsätzen um.	S 04.2,3	
3	GA	10′	S vergleichen, diskutieren und berichtigen ihre Sätze in Zufallsgruppen.	S 04.4	
4	PL	5′	Ein ausgeloster S präsentiert die Sätze im Plenum.		
5	GA	20′	S schneiden die Spielkarten aus den Bögen aus. Jeder S bearbeitet fünf Karten, indem er pro Karte einen Aktivsatz und seine passive Entsprechung notiert.	S 04.5 LS 04.M1	
6	GA	20′	Die erstellten Spielkarten werden unter den Gruppen ausgetauscht. Anschließend spielen die S das Spiel „Hochseilrennen". Die S halten sich an die im Schülerheft abgedruckten Spielregeln.	S 04.6	

Erläuterungen zur Lernspirale

✓ Merkposten

- Losgegenstände
- pro Gruppe vier Spielfiguren und ein Würfel
- LS 04.M1 pro Gruppe mindestens zweimal auf Karton kopieren

Ziel der Doppelstunde ist das Kennenlernen und spielerische Anwenden des Passivs. Es unterstützt die Schüler in ihrem Bemühen um einen sachlichen Stil beim Schreiben eines Berichts.

Zum Ablauf im Einzelnen:
Im **1. Arbeitsschritt** sollte der Lehrer auf Erläuterungen verzichten. Die Schüler lesen die Infokästen im Schülerheft zur selbstständigen Erarbeitung des Passivs in seiner Präsens- und Präteritumform. Verständnisfragen notieren die Schüler im Arbeitsheft.

In der Partnerarbeit des **2. Arbeitsschritts** erläutern sich die Schüler zunächst gegenseitig die Bildung des Passivs. Dabei gehen sie auf ihre notierten Verständnisfragen ein. Anschließend überprüfen sie ihr neu erworbenes Wissen, indem sie vorgegebene Satzteile zu sinnvollen Aktivsätzen verbinden und diese dann in Passivsätze umwandeln.

In der Gruppenarbeit im **3. Arbeitsschritt** werden die Ergebnisse verglichen und bei Bedarf korrigiert.

Anschließend liest ein geloster Schüler alle Sätze im Plenum vor (**4. Arbeitsschritt**). Das Plenum kann berichtigen.

Im **5. Arbeitsschritt** sollen die Schüler Spielkarten für ein Würfelspiel herstellen. Die Ausschneidebögen mit jeweils zehn Spielkarten (siehe LS 04.M1) werden am besten auf Karton kopiert. Die Gruppen sollten möglichst aus vier Schülern bestehen, da das im Schülerheft abgedruckte Würfelspiel für vier Personen ausgelegt ist. Insgesamt stellt jede Gruppe zwanzig Spielkarten her. Jeder Schüler muss also fünf Karten ausfüllen.

Bevor die Spielkarten im **6. Arbeitsschritt** unter den Gruppen ausgetauscht werden, überprüft jede Gruppe ihre Karten noch einmal auf die Richtigkeit der Sätze. In schwächeren Lerngruppen kann der Lehrer helfen. Jede Gruppe spielt das Würfelspiel mit dem Kartensatz einer anderen Gruppe. Die Spielregeln sind im Schülerheft abgedruckt und werden selbstständig von den Gruppen gelesen und angewendet.

Notizen:

LS 04.M1 Spielkarten

Aktivsatz:

Aktivsatz:

Passivsatz:

Passivsatz:

Aktivsatz:

Aktivsatz:

Passivsatz:

Passivsatz:

Aktivsatz:

Aktivsatz:

Passivsatz:

Passivsatz:

Aktivsatz:

Aktivsatz:

Passivsatz:

Passivsatz:

Aktivsatz:

Aktivsatz:

Passivsatz:

Passivsatz:

LS 05 W-Fragen anhand eines Zeitungsberichtes erarbeiten

		Zeit	Lernaktivitäten	Material	Kompetenzen
1	EA	10′	S lesen den Zeitungsartikel und fertigen einen Spickzettel an.	S 05.1	- Sinn erfassend lesen - lineare Texte auswerten - informierende Textfunktion erfassen - sachgerecht Stichwörter aufschreiben - Informationen entnehmen - Notizen zur Wiedergabe nutzen - verständlich informieren - Inhalte mit eigenen Worten wiedergeben - artikuliert und verständlich reden - eigene Meinung begründen - aufmerksam zuhören - Gesprächsregeln einhalten - kooperativ arbeiten - in lesbarer Handschrift schreiben
2	PA	15′	Im Doppelkreis geben die S den Inhalt des Artikels wieder – mit einmaligem Wechsel – sodass jeder S einmal spricht und einmal ergänzt bzw. korrigiert.		
3	PA	10′	S beantworten im Schülerheft die sieben W-Fragen stichwortartig.	S 05.2	
4	GA	15′	In Zufallsgruppen vergleichen die S ihre Antworten. Sie einigen sich auf eine Antwort pro W-Frage und notieren die W-Frage und ihre entsprechende Antwort auf je eine Karte der gleichen Farbe (insgesamt sieben verschiedene Kartenfarben).	S 05.3	
5	GA	15′	S ordnen durch das Lösen eines Puzzles (siehe LS 05.M1) jeder W-Frage ihre verallgemeinerte Antwort zu. Jede dieser Antworten wird anschließend ebenfalls auf eine Karte geschrieben, die farblich zu der entsprechenden W-Frage passt.	S 05.4 LS 05.M1	
6	PL	10′	Aus einer ausgelosten Gruppe präsentiert ein Schülertandem seine Ergebnisse. Im Plenum wird begründet und entschieden, ob die vorgestellte Zuordnung richtig ist.	LS 05.M2	
7	PL	5′	S übertragen die W-Fragen und die dazugehörigen verallgemeinerten Antworten ins Schülerheft.	S 05.5	
	HA		S schreiben einen kleinen Bericht zu einem persönlichen Erlebnis oder einem beobachteten Ereignis und berücksichtigen dabei die Beantwortung der W-Fragen.		

Erläuterungen zur Lernspirale

✓ Merkposten

- Losgegenstände
- LS 05.M1 für jede Gruppe einmal kopieren und zerschneiden
- Moderationskarten in drei Farben (3 x 7 pro Gruppe)
- Befestigungsmaterial
- Filzstifte

Ziel der Doppelstunde ist das Erarbeiten der W-Fragen mit Hilfe eines Zeitungsartikels. Die Schüler lösen ein Puzzle und ordnen dabei die sieben W-Fragen den entsprechenden Informationsaspekten zu. So wird ihnen die Bedeutung der W-Fragen für die Erschließung wichtiger Gesichtspunkte deutlich gemacht.

Zum Ablauf im Einzelnen:
Die Schüler lesen im **1. Arbeitsschritt** den Zeitungsartikel und fertigen für den folgenden Doppelkreis einen Spickzettel an. Dieser ist auf fünf Wörter begrenzt, damit größere Textteile nicht einfach abgeschrieben werden. Kleine Zeichnungen oder Symbole sind als Gedächtnisstützen aber erlaubt.

Im **2. Arbeitsschritt** erzählen die Schüler im Doppelkreis mit Hilfe des Spickzettels den Inhalt des Artikels nach und korrigieren und ergänzen.

Im **3. Arbeitsschritt** werden die W-Fragen mit den entsprechenden Angaben aus dem Zeitungsartikel beantwortet. Die Antworten werden lediglich stichwortartig aufgeschrieben, um das bloße Abschreiben ganzer Sätze zu vermeiden.

In Zufallsgruppen stellen sich die Schüler im **4. Arbeitsschritt** ihre Antworten vor und entscheiden sich für die jeweils treffendste. Je eine W-Frage und die passende Antwort werden auf zwei gleichfarbige Karten geschrieben, sodass die Zuordnung bei der späteren Präsentation optisch wahrnehmbar ist.

Im **5. Arbeitsschritt** legen die Schüler das Puzzle (siehe LS 05.M1). Dabei geht es um die verallgemeinerten Antworten auf die W-Fragen. Sie schreiben die verallgemeinerten Antworten auf Karten und ordnen sie farblich zu den Ergebnissen des 4. Arbeitsschritts.

Im **6. Arbeitsschritt** stellt eine ausgeloste Gruppe ihre Ergebnisse vor. Dabei werden je drei Karten einer Farbe nebeneinander unter drei vorgegebenen Überschriften (siehe LS 05.M2) an die Tafel gepinnt und erläutert. Falls notwendig, wird im Plenum das vorgestellte Ergebnis korrigiert und ergänzt.

Im **7. Arbeitsschritt** werden die W-Fragen und ihre entsprechenden verallgemeinerten Antworten zur Sicherung ins Heft übernommen.

Die abschließende **Hausaufgabe** dient der Anwendung und Erprobung. Die Schüler sollen beim Schreiben eines eigenen kleinen Berichts darauf achten, dass alle W-Fragen beantwortet werden.

LS 05.M1 Puzzle

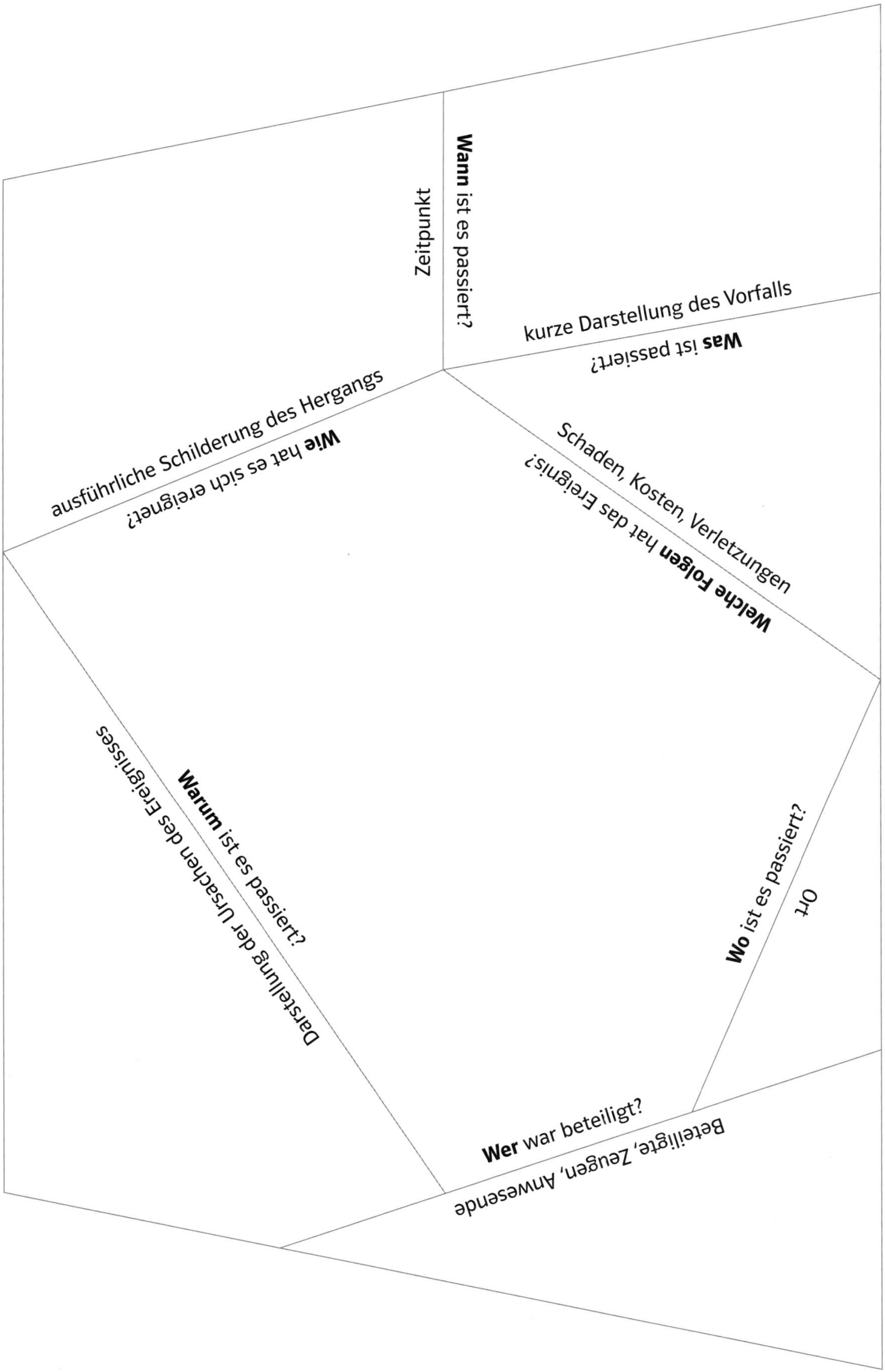

LS 05.M2 Mögliches Präsentationsergebnis

W-Frage	Verallgemeinerte Antwort	Antwort aus dem Zeitungsartikel
Wer?	Beteiligte, Zeugen, Anwesende	ein 13-jähriger Junge
Wo?	Ort	auf dem Gelände des Schulzentrums Heideweg
Wann?	Zeitpunkt	gegen 11.30 Uhr des Vortages
Was?	kurze Darstellung des Vorfalls	der Junge war unachtsam und wurde vom Pferd getreten
Wie?	ausführliche Schilderung des Hergangs	- der Junge fütterte das Pferd - ein Mitschüler rief ihm zu - er fragte mit lauter Stimme zurück - das Pferd trat ihn
Warum?	Darstellung der Ursachen des Ereignisses	das Pferd hatte sich durch das laute Rufen erschreckt
Welche Folgen?	Schaden, Kosten, Verletzungen	keine Knochenbrüche, aber ein „Pferdekuss“

LS 06 Funktion, Inhalt und Stil der Einleitung klären

		Zeit	Lernaktivitäten	Material	Kompetenzen
1	EA	10′	S lesen die Beispieleinleitung zu einem Bericht. Sie kreuzen an, welche W-Fragen diese beantwortet, und unterstreichen die entsprechenden Textstellen.	S 06.1	- informierende Textfunktionen erfassen - Satzstrukturen erkennen und funktional verwenden - Textaufbau erfassen - Informationen entnehmen - Informationen zusammenfassen - Texte hinsichtlich Aufgabenstellung überprüfen - verständlich schreiben (Merksätze) - eigene Meinung begründen - sachlich argumentieren - in lesbarer Handschrift schreiben - aktiv zuhören
2	EA	5′	S entscheiden, welche der Aussagen zur Funktion einer Berichtseinleitung zutreffen. Sie überprüfen ihre Wahl anhand der vorgegebenen Einleitung.	S 06.2	
3	PA	20′	In Tandems vergleichen die S ihre Ergebnisse und formulieren zwei bis drei Merksätze auf Folienstreifen.	S 06.3	
4	PL	10′	Zwei bis drei ausgeloste Tandems präsentieren ihre Merksätze auf Folie mit einem Overhead-Projektor. Die besten Merksätze werden ausgewählt.		
5	EA	10′	Die ausgewählten Merksätze werden ins Heft übertragen.	S 06.4	
6	GA	10′	In Zufallsgruppen wird der Info-Kasten nach dem angegebenen Verfahren (Gruppenlesen) gelesen.	S 06.5	
7	GA	10′	S bilden Einleitungssätze aus vorgegebenen Satzteilen und vergleichen ihre Ergebnisse untereinander.	S 06.6	
8	PL	5′	Einige ausgeloste S tragen die Ergebnisse im Plenum vor.		
	HA		S schreiben Berichtseinleitungen zu ausgedachten Ereignissen.		

Erläuterungen zur Lernspirale

Ziel der Doppelstunde ist es, funktionale, inhaltliche und stilistische Aspekte einer Einleitung für einen Bericht kennen zu lernen. Auf der Basis des neu erworbenen Wissens üben sich die Schüler im Schreiben eigener Einleitungen.

Der Zeitansatz für diese Stunde ist großzügig bemessen. In Lerngruppen, die im Formulieren eigener Merksätze (siehe Arbeitsschritt 3) und im Gruppenlesen (siehe Arbeitsschritt 6) noch nicht so geübt sind, sollte der Lehrer für konsequentes Arbeiten sorgen.

Zum Ablauf im Einzelnen:
Im **1. Arbeitsschritt** wählen die Schüler durch Ankreuzen, welche W-Fragen die im Schülerheft abgedruckte Mustereinleitung beantwortet. Anschließend unterstreichen sie die Satzteile, die die W-Fragen beantworten.

Im **2. Arbeitsschritt** entscheiden die Schüler, welche Aussagen zur Funktion einer Einleitung zutreffen. Auch hier beziehen sie sich bei ihren Entscheidungen auf die Mustereinleitung.

Die Schüler vergleichen, diskutieren und korrigieren im **3. Arbeitsschritt** ihre Ergebnisse. Sie formulieren Merksätze, die ihnen später helfen, eigene Einleitungen zu schreiben. Diese Merksätze sollen persönlich formuliert werden und keine Varianten der Aussagen des 2. Arbeitsschrittes sein. Die Folienstreifen bieten den Vorteil, dass sie recht einfach mit dem Overhead-Projektor präsentiert werden können. Außerdem können ungenaue Formulierungen oder kleine Fehler schnell verbessert werden.

Nach der Präsentation der Merksätze im **4. Arbeitsschritt** werden die besten ausgewählt und anschließend im **5. Arbeitsschritt** ins Heft übertragen.

Im **6. Arbeitsschritt** geht es um den Satzbau der Einleitung. Es bereitet den Schülern häufig Schwierigkeiten, relativ viele Informationen in nur ein bis zwei Sätzen unterzubringen. Das Verfahren des Gruppenlesens hilft besonders schwächeren Schülern, den Inhalt des Info-Kastens im Schülerheft zu verstehen.

Der **7. Arbeitsschritt** dient als Vorübung zum Schreiben eigener Einleitungen. Die Satzteile müssen entsprechend den Regeln des Info-Kastens angeordnet und treffende Verben ausgewählt werden (Wortfeldarbeit). Da hier unterschiedliche Ergebnisse entstehen können, werden diese im **8. Arbeitsschritt** von mehreren Schülern präsentiert und im Plenum diskutiert.

In der **Hausaufgabe** sollen nun Einleitungen zu selbst erdachten Ereignissen geschrieben werden; Personen, Zeiten, Orte usw. denken sich die Schüler dabei selber aus. Lernschwächeren Schülern kann man als Hilfe aussagekräftige Überschriften anbieten.

✓ Merkposten

- Losgegenstände
- Folienstreifen
- Folienstifte
- Overhead-Projektor

LS 07 Mit Bildern die Ereignisfolge im Hauptteil strukturieren

		Zeit	Lernaktivitäten	Material	Kompetenzen
1	EA	10′	S lesen Äußerungen zu einem Unfall und ordnen sie der Reihenfolge nach.	S 07.1	- informierende Textfunktion erfassen - Informationen entnehmen und strukturieren - gedanklich geordnet schreiben - Inhalte mit eigenen Worten wiedergeben - Bilder kommentieren - zielgerichtet arbeiten und kooperieren - freie Redebeiträge leisten - sprachlich angemessen vortragen - Präsentationstechniken nutzen - aufmerksam zuhören - Arbeitsaufträge korrekt umsetzen
2	PA	5′	S vergleichen, diskutieren und korrigieren im Tandem ihre erstellten Reihenfolgen. Sie einigen sich auf ein gemeinsames Ergebnis.	S 07.2	
3	PL	5′	Einzelne Tandems präsentieren ihre Reihenfolgen. S und L geben ein Feedback.	LS 07.M1	
4	GA	10′	S schneiden Bilder zu einer Ereignisfolge aus und ordnen diese so, dass sie das Geschehen Schritt für Schritt darstellen. Mit Hilfe der Bilder üben sie einen mündlichen Bericht über das dargestellte Ereignis.	S 07.3 LS 07.M2	
5	PL	5′	Ein ausgeloster S stellt die von seiner Gruppe festgelegte Reihenfolge der Bilder vor. Dazu legt er die auf Folie kopierten Bilder auf den Overhead-Projektor und berichtet mündlich über das Ereignis. L und S geben ein Feedback und korrigieren ggf. die präsentierte Bilderfolge.	LS 07.M2	
6	EA	5′	S kleben die Bilder in der Reihenfolge in ihr Heft, auf die man sich im Plenum geeinigt hat.	S 07.4	
	HA		S schreiben zu jedem Bild ein bis zwei Sätze, die das jeweils dargestellte Geschehen zusammenfassen. Diese formulieren sie so, dass sie einen zusammenhängenden Text ergeben.	S 07.4	

✓ Merkposten
- Losgegenstände
- Bilderbogen LS 07.M2 für jeden S kopieren
- Scheren und Klebstoff
- Overhead-Projektor
- LS 07.M2 einmal auf Folie kopieren und zerschneiden

Erläuterungen zur Lernspirale

Ziel der Einzelstunde ist es zu verdeutlichen, dass in einem Bericht der Ereignisverlauf chronologisch dargestellt sein muss. Methodisch geschieht dies, indem die Schüler Aussagen und Bilder zu einem linearen Geschehen ordnen. Das Schreiben eines Hauptteils üben sie, indem sie zu den einzelnen Bildern Sätze formulieren, die einen zusammenhängenden Text ergeben.

Bei Zeitmangel kann der 6. Arbeitsschritt als Hausaufgabe erfolgen.

Zum Ablauf im Einzelnen:
Der **1. Arbeitsschritt** sensibilisiert die Schüler für die Problematik des geordneten Berichtens. Sie bringen die ungeordneten Aussagen zu einem Unfallhergang in eine sinnvolle Reihenfolge, wobei sie sich an der Chronologie des Hergangs orientieren. Schwächere Schüler stellen sich Hilfsfragen: *Was ist zuerst passiert? Was danach?* usw. Die Schüler schreiben mit Bleistift, um leichter korrigieren zu können.

Im **2. Arbeitsschritt** vergleichen die Schüler in Zufallstandems ihre Ergebnisse. Sie achten auf eine sinnvolle Reihenfolge.

Die Ergebnisse werden im **3. Arbeitsschritt** von ausgelosten Tandems im Plenum präsentiert.

Im **4. Arbeitsschritt** erhält jede Gruppe zunächst nur einen einzigen kopierten Bilderbogen (LS 07.M2). Das fördert das Zusammenarbeiten. Die Schüler ordnen die Bilder so, dass sie den Ablauf des Geschehens Schritt für Schritt darstellen. Zur Unterstützung können sie die Ergebnisse des 2. Arbeitsschritts heranziehen. Damit die Vorteile des geordneten Berichtens stärker erfahrbar werden, üben die Schüler einen kurzen mündlichen Bericht zu den Inhalten der Bilder ein.

Der eingeübte mündliche Bericht wird im **5. Arbeitsschritt** vorgetragen. Die Reihenfolge der Bilder wird auf dem Overhead-Projektor nachgelegt. Hierfür kopiert der Lehrer im Vorfeld der Stunde die einzelnen Bilder vergrößert auf Folie und schneidet sie aus.

Sollten die vorhergegangenen Phasen länger als in der Lernspirale ausgewiesen dauern, bietet sich der **6. Arbeitsschritt** als Hausaufgabe an. Jeder Schüler erhält den Bilderbogen (LS 07.M2). Es ist darauf zu achten, dass die Schüler die Sätze zu den Bildern als zusammenhängenden Text formulieren, der so den Hauptteil eines Berichts darstellen könnte.

LS 07.M1 Lösung zu S 07.1

1. „Herr Clarini zeigte Svenja, Eric und Sören, wie man mit den Keulen jongliert."
2. „Eric und Sören haben mit den Keulen die ganze Zeit nur Quatsch gemacht!"
3. „Die haben sich abgesprochen. Sie wollten Svenja ärgern!"
4. „Eric und Sören haben die Keulen über Svenjas Kopf geworfen!"
5. „Sie wurde von einer Keule am Kopf getroffen!"
6. „Svenja blutet ganz stark am Kopf! Eric und Sören sind einfach weggerannt!"
7. „Kriegen die beiden jetzt einen Verweis?"

LS 07.M2 Bilderbogen

LS 08 Einen Lehrervortrag zu den Funktionen des Schlusses erschließen

		Zeit	Lernaktivitäten	Material	Kompetenzen
1	EA	10′	S hören einen Lehrervortrag zur Funktion des Schlussteils im Bericht und notieren Stichwortsätze zu dessen Inhalt.	S 08.1 LS 08.M1, M2	- informierende Textfunktionen erfassen - Satzstrukturen erkennen und funktional verwenden - Textaufbau erfassen - Wortschatz verbessern - einen Lehrervortrag auswerten - aktiv zuhören - Stichwörter aufschreiben - Notizen zur Wiedergabe nutzen - sprachlich angemessen vortragen - Inhalte mit eigenen Worten wiedergeben - zielgerichtet arbeiten und kooperieren - Arbeitsaufträge korrekt umsetzen
2	PA	10′	Mit Hilfe der Stichwortsätze wiederholen S den Vortrag im Tandem.	S 08.2	
3	GA	10′	S wenden ihr erworbenes Wissen an und ordnen Schlussfunktionen vorgegebenen Berichtsschlüssen zu.	S 08.3	
4	PL	10′	Vertreter einer ausgelosten Gruppe tragen die Ergebnisse vor. Feedback durch L und S.	LS 08.M3	
5	EA	5′	S unterstreichen in vorgegebenen Schlusssätzen Wörter, die deutlich machen, dass eine Vermutung geäußert wird.	S08.4	
6	GA	25′	S vergleichen ihre Ergebnisse. Sie führen ein Brainstorming durch und finden ähnliche Begriffe zu den unterstrichenen Wörtern. Durch Einsetzen in die Schlusssätze aus S 08.4 werden die gefundenen Wörter erprobt.	S 08.5,6 LS 08.M4	
7	PL	10′	Vertreter einer ausgelosten Gruppe tragen die Ergebnisse vor. L und S geben ein Feedback.		

✓ Merkposten

- Losgegenstände
- LS 08.M2 auf Folie kopieren

Erläuterungen zur Lernspirale

Ziel der Doppelstunde ist das Kennenlernen der unterschiedlichen Funktionen des Berichtsschlusses. Dieser geht in der Regel auf die Folgen oder Ergebnisse eines Ereignisses ein. Er kann jedoch auch über Hintergründe und Ursachen aufklären, Hoffnungen und Befürchtungen äußern oder lediglich abrundend wirken. Häufig werden im letzten Satz eines Berichts auch Vermutungen geäußert.
Sollte keine Doppelstunde zur Verfügung stehen, kann eine Zäsur nach dem 4. Arbeitsschritt erfolgen.

Zum Ablauf im Einzelnen:
Der Lehrervortrag (siehe LS 08.M1) des **1. Arbeitsschritts** informiert die Schüler über die Funktionen, die der Schluss eines Berichts haben kann. Die Schüler hören aufmerksam zu. Erst nach dem Vortrag machen sie sich Notizen zum Inhalt. Der Vortrag kann durch die Folie LS 08.M2 unterstützt werden.

Im **2. Arbeitsschritt** vergleichen und ergänzen die Schüler im Tandem ihre Notizen, um möglichst viele der vorgetragenen Informationen festzuhalten. Sie halten sich gegenseitig den Vortrag noch einmal und stellen fest, ob sie alles genau verstanden haben.

Der **3. Arbeitsschritt** dient der Anwendung des neu erworbenen Wissens. Die Aufgabe wird in Zufallsgruppen bearbeitet. So besteht während der Arbeit die Möglichkeit, sich mit anderen Schülern über offene Fragen auszutauschen.

Zur Präsentation der Ergebnisse im **4. Arbeitsschritt** ist zu sagen, dass es bei einigen Sätzen durchaus mehrere Zuordnungsmöglichkeiten (siehe LS 08.M3) gibt. In der Lerngruppe können unterschiedliche Lösungen diskutiert werden.

Im **5. Arbeitsschritt** sollen die Schüler in Schlusssätzen Wörter oder Wortgruppen unterstreichen, die deutlich machen, dass es sich um Vermutungen handelt.

Nachdem die Schüler in Zufallsgruppen ihre unterstrichenen Wörter verglichen haben, sollen sie nun im **6. Arbeitsschritt** in einem Brainstorming ähnliche Begriffe zu diesen finden (siehe LS 08.M4). Lerngruppen, die mit der Methode des Brainstormings noch nicht vertraut sind, sollten darauf aufmerksam gemacht werden, dass bei dieser kreativen Methode Rückfragen, Kritik und ausführliche Erläuterungen unangebracht sind. Im Anschluss an das Brainstorming werden die Begriffe durch das Einsetzen in die Sätze aus S 08.4 zunächst mündlich getestet. Anschließend entscheiden sich die Schüler für je eine Variante und schreiben die Sätze auf.

Im abschließenden Plenum **(7. Arbeitsschritt)** werden die verschiedenen Möglichkeiten vorgestellt und diskutiert.

LS 08.M1 Lehrervortrag über den Schluss eines Berichts

Ähnlich wie bei der Einleitung fällt bei Berichten der Schluss meist sehr knapp aus. Häufig umfasst er nur ein bis zwei Sätze. Manchmal fehlt er auch ganz.

Der Berichtsschluss kann verschiedene Funktionen haben. Er kann auf **Hintergründe und Ursachen** eingehen und diese genauer erläutern. Ein Schlusssatz, der diese Funktion erfüllt, könnte z. B. lauten: *Im Krankenhaus stellte sich nach einer Untersuchung heraus, dass der Schüler schon seit langem an einer schweren Tierhaarallergie leidet.* Der Schlusssatz informiert auch über die tatsächlichen oder möglichen **Folgen und Ergebnisse** eines Ereignisses, z. B.: *Nach Aussage des behandelnden Arztes sind die Verletzungen so schwer, dass die Schülerin für mehrere Wochen vom Unterricht fernbleiben muss.* Häufig geben die letzten Sätze eines Berichts einen Ausblick, in dem **Hoffnungen und Befürchtungen** geäußert werden: *Nach dieser beeindruckenden Premiere hoffen alle Beteiligten, dass auch die noch folgenden Vorstellungen zu einem großen Erfolg werden.* In vielen Fällen dient der Schluss einfach nur der **Abrundung** eines Berichts.

Typisch für das Ende eines Berichts kann auch sein, dass **Vermutungen** geäußert werden. Der Satz – *Wegen des großen Publikumsinteresses hält es die Schulleitung für möglich, dass noch weitere Vorstellungen angeboten werden* – ist hierfür ein treffendes Beispiel.

LS 08.M2 Folie zur Unterstützung des Lehrervortrags

Der Berichtsschluss

➡ **umfasst nur ein bis zwei Sätze.**

Mögliche Funktionen:

- **geht auf Hintergründe und Ursachen ein.**
- **informiert über Folgen und Ergebnisse.**
- **äußert Hoffnungen und Befürchtungen.**
- **rundet den Bericht ab.**

➡ **Häufig werden am Ende des Berichts Vermutungen geäußert.**

LS 08.M3 Lösungsbeispiel zu S 08.3

Hintergründe und Ursachen	Nach Auskunft des Organisationsteams konnte der Zirkus Clarini nur für die Projektwoche gewonnen werden, weil persönliche Kontakte zur Zirkusfamilie bestehen.
Folgen und Ergebnisse/ Hoffnungen und Befürchtungen	Nach dieser beeindruckenden Premiere gehen alle Beteiligten davon aus, dass auch die noch folgenden Vorstellungen zu einem großen Erfolg werden.
Folgen und Ergebnisse	Der Schulleiter des Schulzentrums Heideweg bestätigte, dass die Einnahmen aus den Vorstellungen über 4.000 Euro betragen.
Hintergründe und Ursachen	Wie sich später herausstellte, hatte der Schüler die Anweisungen des Zirkusdirektors nicht befolgt, wodurch es zu dem Unfall kam.
Abrundung	Insgesamt kann man von einer sehr gelungenen Projektwoche sprechen, die wiederholt werden sollte.
Hoffnungen und Befürchtungen	Nach dieser gelungenen Projektwoche haben die Schüler ein wenig Angst davor, wieder zum grauen Schulalltag zurückzukehren.
Folgen und Ergebnisse/ Hoffnungen und Befürchtungen	Nach Aussage aller Beteiligten wird sich die Zirkus-Projektwoche positiv auf das Schulklima auswirken.

LS 08.M4 Lösungsbeispiel zu S 08.5

wahrscheinlich **möglicherweise** **anscheinend**

vermutlich **geht davon aus** **vermutet** **nimmt an**

glaubt **schließt nicht aus** **könnte** **müsste**

LS 09 Ein Schema zum Aufbau des Berichts entwickeln

		Zeit	Lernaktivitäten	Material	Kompetenzen
1	EA	10′	S schneiden Satzstreifen aus und sortieren diese so, dass ein sinnvoller Bericht entsteht.	S 09.1 LS 09.M1	- Aufbau (Schema) eines Berichts erfassen - Textaufbau erfassen - Schemata entwickeln - Vorwissen anwenden - ein Plakat gestalten - sprachlich angemessen vortragen - sachlich und verständlich informieren - Zusammenhänge verdeutlichen - Sinn erfassend lesen - Arbeitsaufträge korrekt umsetzen - zielgerichtet und kooperativ arbeiten
2	PA	10′	S vergleichen und korrigieren und kommen so zu einer gemeinsamen Reihenfolge.	S 09.2	
3	GA	15′	S einigen sich auch in der Gruppe auf eine gemeinsame Reihenfolge und kleben die Satzstreifen entsprechend in das Raster im Schülerheft auf S. 22. Anschließend ordnen sie die W-Fragen den entsprechenden Teilen des Berichts zu.	S 09.3	
4	PL	5′	Ausgeloste S lesen die Sätze des Berichts in der von ihrer Gruppe beschlossenen Reihenfolge vor. S und L berichtigen oder bestätigen das Ergebnis.		
5	GA	25′	S entwerfen ein Schema zum Aufbau eines Berichts, übertragen es auf ein Plakat und bereiten einen Vortrag vor.	S 09.4	
6	PL	10′	Ausgeloste Gruppen halten anhand des Plakates einen Vortrag zum Aufbau des Berichts.		

Erläuterungen zur Lernspirale

Ziel der Doppelstunde ist, dass die Schüler ein Schema zum Aufbau des Berichts entwickeln. Dabei werden die rein formalen Aspekte der Textform visualisiert und auch die Ergebnisse und Erkenntnisse der vorangegangenen Lernspiralen berücksichtigt. Die LS 09 hat somit einen zusammenfassenden Charakter. Eine Zäsur kann nach dem 4. Arbeitsschritt erfolgen.

Zum Ablauf im Einzelnen:
Indem die Schüler im **1. Arbeitsschritt** die Satzstreifen in eine Reihenfolge bringen, entsteht ein vollständiger Bericht. Dabei wenden sie ihr Wissen über Einleitungs- und Schlusssätze und die chronologisch geordnete Struktur des Hauptteils an. Arbeiten die Schüler im nächsten Arbeitsschritt nicht mit ihrem Tischnachbarn zusammen, nummerieren sie die Satzstreifen in der gelegten Reihenfolge. So können sie ihren Bericht nach einem Platzwechsel ohne größeren Zeitverlust rekonstruieren.

Im **2. und 3. Arbeitsschritt** einigen sich die Schüler zunächst in Tandems und anschließend in Zufallsgruppen auf ein gemeinsames Ergebnis. Sie kleben dann die Satzstreifen der Reihe nach in das Raster auf S. 22 im Schülerheft. Das Raster ist so angelegt, dass den Schülern sichtbar wird, zu welchen Teilen des Berichts die einzelnen Sätze gehören. In schwächeren Lerngruppen bietet es sich an, auf das Kleben zunächst zu verzichten, da so später Korrekturen vorgenommen werden können. Im letzten Teil der Gruppenarbeitsphase werden die W-Fragen den einzelnen Berichtsteilen zugeordnet. Hier wenden die Schüler ihre Kenntnisse aus den vorangegangenen Lernspiralen an. Sie müssen die einzelnen Sätze noch einmal genau lesen, um eine richtige Zuordnung vornehmen zu können.

Im **4. Arbeitsschritt** werden die Ergebnisse von zwei bis drei Gruppen vorgetragen, da gerade im Hauptteil unterschiedliche Satzfolgen möglich sind. Die unterschiedlichen Ergebnisse werden im Plenum diskutiert und überprüft.

Die Schüler hatten in den vorangegangenen Arbeitsschritten die Gelegenheit, sich noch einmal verschiedene Aspekte des Berichts in Erinnerung zu rufen. Nun sollen sie im **5. Arbeitsschritt** ein Schema zum Aufbau eines Berichts entwerfen. Es soll jedoch nicht nur die Abfolge der einzelnen Berichtsteile darstellen, sondern auch deren Funktionen, Inhalte und Besonderheiten, die Zuordnung der W-Fragen und alle weiteren Aspekte, mit denen sich die Schüler in den vorangegangenen Lernspiralen beschäftigt haben.
Der Entwurf wird auf Plakatkarton übertragen. Einzelne Elemente des Schemas sollten auf Moderationskarten oder farbiges Papier geschrieben werden. So können mehrere Schüler mitarbeiten und nachträgliche Ergänzungen und Korrekturen sind einfacher zu bewerkstelligen.

Im **6. Arbeitsschritt** halten ausgeloste Gruppen einen Vortrag zum Aufbau eines Berichts. Das Plakat mit dem Schema dient dabei der Visualisierung.

Variante: Alle Plakate werden ausgestellt und in einem Museumsrundgang begutachtet.

✓ **Merkposten**
- Losgegenstände
- LS 09.M1 für jeden S kopieren
- Scheren und Kleber
- Plakatkarton
- Moderationskarten
- farbiges Papier
- Filzstifte

LS 09.M1 Satzstreifen zum Ausschneiden

Nachdem Zirkusdirektor Clarini die Zuschauer begrüßt hatte, tobten zunächst einige Clowns durch die Manege.

Nach dieser beeindruckenden Premiere gehen alle Beteiligten davon aus, dass auch die noch folgenden Vorstellungen zu einem großen Erfolg werden.

Die Begeisterung des Publikums fand nun keine Grenzen mehr.

Tierdresseure ließen Ziegen im Kreis tanzen, Seiltänzerinnen schwebten förmlich über ein dünnes Drahtseil, Fakire wandelten über Scherben und Zauberer führten Tricks vor, die einen an seinen Sinnen zweifeln ließen.

Schlag auf Schlag folgte nun eine Nummer nach der anderen.

Gespielt wurden diese von Schülern, die ihre tollpatschigen Nummern derart perfekt einstudiert hatten, dass sich die Gäste nach kürzester Zeit vor Lachen bogen.

Nach zweieinhalb Stunden war die Vorstellung vorbei.

Am Freitag um 18.00 Uhr gaben Schüler des Schulzentrums Heideweg nach einer Woche Vorbereitung ihre erste große Vorstellung im ausverkauften Zirkuszelt auf dem Schulgelände.

Immer wieder wurde laut Applaus geklatscht und Bravo gerufen.

Alle Beteiligten präsentierten ihre eingeübten Zirkusnummern wahrhaft meisterlich und begeisterten das Publikum.

Viele Eltern waren erstaunt, was ihre Kinder in nur wenigen Tagen alles gelernt hatten.

Es fiel schwer zu glauben, dass hier nicht echte Trapezkünstler, sondern Schüler die Akteure waren.

Das Lachen schlug jedoch in Erstaunen um, als anschließend einige Schüler ihre Kunststücke am Trapez vorführten.

Das Publikum wollte die Artisten jedoch nicht gehen lassen und klatschte so ausdauernd, dass alle Akteure insgesamt viermal in die Manege zurückkommen mussten, um sich zu verbeugen.

LS 10 Das Präteritum als Zeitform des schriftlichen Berichts erkennen

		Zeit	Lernaktivitäten	Material	Kompetenzen
1	EA	5′	S unterstreichen alle Verben in dem Bericht mit Bleistift.	S 10.1	- Wortarten kennen und funktional gebrauchen - grammatische Kategorien (Tempus) kennen und nutzen - Vorwissen anwenden - markieren - selektiv lesen - anschaulich über Arbeitsergebnisse informieren - zielgerichtet arbeiten und kooperieren
2	PA	5′	S vergleichen, korrigieren und ergänzen ihre unterstrichenen Wörter.	S 10.2	
3	PA	5′	S markieren alle Verben im Präteritum mit einem Textmarker.	S 10.3	
4	GA	10′	S vergleichen, korrigieren und ergänzen ihre markierten Verben und schreiben diese auf Karten.	S 10.4	
5	PL	5′	Eine ausgeloste Gruppe präsentiert ihre Karten an der Tafel. S und L ergänzen und korrigieren.		
6	GA	10′	S lesen die Anleitung zum Lösen des Gitterrätsels und lösen es anschließend.	S 10.5	

Erläuterungen zur Lernspirale

Ziel der Einzelstunde ist, dass die Schüler das Präteritum, das als bekannt vorausgesetzt wird, als vorherrschende Zeitform des Berichts erkennen. Sie sollen Sicherheit beim Verwenden von Verben in dieser Zeitform erlangen, indem sie ein Gitterrätsel, in das Verben im Präteritum einzusetzen sind, lösen.

Zum Ablauf im Einzelnen:
Das Unterstreichen der Verben im **1. Arbeitsschritt** dient zunächst dazu, die Aufmerksamkeit der Schüler auf diese Wortart zu lenken. Es ist zu erwarten, dass lernschwächere Schüler Verben schwer erkennen. Für diesen Fall stehen in der Randspalte im Schülerheft einige Erläuterungen zur Verfügung. Der Lehrer sollte die Schüler auffordern, bei Fragen selbstständig in der Grammatik oder im Sprachbuch nachzuschlagen.

Im **2. Arbeitsschritt** vergleichen und korrigieren die Tandems ihre unterstrichenen Wörter. Sie schauen sich diese dann im **3. Arbeitsschritt** noch einmal im Hinblick auf das Tempus an und markieren mit einem Textmarker alle Verben, die im Präteritum stehen. Bei Unsicherheiten bezüglich der Zeitform kann noch einmal in der Randspalte, der Grammatik oder im Sprachbuch nachgelesen werden. Die farbliche Hervorhebung aller Präteritumverben verdeutlicht den Schülern optisch, dass die Mehrzahl der Verben des Berichts in dieser Zeitform stehen.

Die Markierungen werden in Zufallsgruppen im **4. Arbeitsschritt** zunächst wieder verglichen, diskutiert und bei Bedarf korrigiert. Die Schüler schreiben auf Karten die Verben, bei denen sich alle Gruppenmitglieder einig sind, dass sie im Präteritum stehen.

Im **5. Arbeitsschritt** wird eine Gruppe ausgelost, die ihre Karten präsentiert. Diese werden an die Tafel gehängt. Im Plenum ergänzen die Schüler die Präteritumverben, die noch nicht an der Tafel hängen, oder sie äußern Kritik an solchen, die falsch sind. Gewinn dieser Präsentation ist die Feststellung, dass die Mehrzahl der Verben im Bericht im Präteritum steht; dies also die Zeitform ist, in der Berichte geschrieben werden.

Im **6. Arbeitsschritt** lösen die Schüler ein Gitterrätsel und üben so das Umformen von Verben vom Präsens ins Präteritum. Die Anleitung zum Rätsel erarbeiten sie sich selbstständig. Der Lösungssatz (BERICHTE SCHREIBT MAN IM PRAETERITUM) dient der Selbstkontrolle und macht einen Ergebnisvergleich im Plenum überflüssig.

An dieser Stelle sei auf den zweiten Teil des Heftes verwiesen, der sich mit den Zeitformen des Verbs beschäftigt. Im Sinne eines integrativen Grammatikunterrichts lässt sich das Thema der 10. Lernspirale mit diesem Heftteil vertiefen und ausweiten.

✓ Merkposten
- Losgegenstände
- Moderationskarten
- dicke Filzstifte
- Befestigungsmaterial

Notizen:

LS 11 Einen schematischen Schreibplan entwickeln

		Zeit	Lernaktivitäten	Material	Kompetenzen
1	EA	10′	S lesen den Infotext und fertigen einen Stichwortzettel an.	S 11.1	- einen Schreibplan entwickeln - eine Stoffsammlung erstellen - eine Gliederung anfertigen - Schemata entwickeln - Formulare ausfüllen - Informationen entnehmen - Stichwörter aufschreiben - Notizen zur Wiedergabe nutzen - eine zentrale Schreibform (Bericht) beherrschen - sachlich und verständlich informieren - freie Redebeiträge leisten - gedanklich geordnet schreiben - Arbeitsaufträge korrekt umsetzen - zielgerichtet arbeiten und kooperieren
2	PA	10′	S halten sich gegenseitig einen Partnervortrag. Sie ergänzen und korrigieren sich.	S 11.2	
3	GA	25′	S entwerfen auf der Grundlage der Informationen des Infotextes ein Formular, das später als Grundlage für einen Schreibplan dienen soll. Sie übertragen den Entwurf sauber auf ein Blatt Papier.	S 11.3	
4	PL	15′	Von jeder Gruppe wird je ein Formular an die Tafel gehängt. S begutachten diese und wägen Vor- und Nachteile einzelner Formulare ab.	LS 11.M1	
5	EA	10′	S schauen sich noch einmal den in LS 07 geschilderten Unfall an. Anschließend füllen sie ihr selbsterstelltes Formular mit den Informationen aus, die sie auf den Schülerheftseiten zu LS 07 und auf S. 25 erhalten.	S 11.4,5	
6	GA	10′	S tauschen ihre ausgefüllten Formulare (Schreibpläne) aus und ergänzen gegenseitig noch fehlende Informationen.	S 11.6	
	HA		S schreiben mit Hilfe ihres Schreibplans einen Bericht über den in LS 07 dargestellten Unfall.		

✓ Merkposten

- Losgegenstände
- LS 11.M1 kopieren
- Befestigungsmaterial

Erläuterungen zur Lernspirale

Ziel der Doppelstunde ist das Erstellen eines standardisierten Formulars, das als Schreibplan für die Anfertigung eines Berichts verwendet werden kann. In dieses Formular sollen vor der Niederschrift des Berichts alle benötigten Informationen eingetragen werden. Den Schülern sollte bewusst werden, dass das Anlegen eines Schreibplans ihren späteren Schreibprozess vereinfacht.
Sollte keine Doppelstunde zur Verfügung stehen, kann nach dem 3. Arbeitsschritt eine Zäsur erfolgen.

Zum Ablauf im Einzelnen:
Im **1. Arbeitsschritt** lesen die Schüler den Infotext. Sie erhalten wesentliche Informationen zum Anfertigen eines Formulars, das ausgefüllt als Schreibplan dient. Beim Lesen fertigen sie sich einen Spickzettel an (evtl. Anzahl der Wörter begrenzen). Der Lehrer weist darauf hin, dass eine Skizze angefertigt werden kann, die den Aufbau des Formulars verdeutlicht.

In der Partnerarbeit des **2. Arbeitsschritts** tauschen die Schüler das neu erworbene Wissen aus und ergänzen bzw. korrigieren ihre Ergebnisse.

Im **3. Arbeitsschritt** soll in Zufallsgruppen ein Formular auf der Basis des Infotextes entworfen werden. Wenn die Schüler von dem im Text beschriebenen Muster abweichen oder eigene Ideen verarbeiten, ist das in jedem Fall zuzulassen. Mögliche Mängel können im Plenum mit der gesamten Lerngruppe besprochen und anschließend behoben werden.

Im **4. Arbeitsschritt** werden die Formulare der einzelnen Gruppen an die Tafel gehängt und von der gesamten Lerngruppe begutachtet. Dazu versammeln sich die Schüler in einem Halbkreis vor der Tafel, sodass jeder die einzelnen Formulare lesen kann. Der Arbeitsschritt ist zeitlich großzügig bemessen. So können die Formulare im Anschluss an das Plenum überarbeitet werden. LS 11.M1 kann als Musterlösung ebenfalls aufgehängt werden.

Im **5. Arbeitsschritt** werden die Formulare nun erprobt, indem die Schüler sie mit Informationen zu einem Unfall ausfüllen. Hierfür greifen sie auf ein Geschehen aus LS 07 zurück. Im Schülerheft finden sie die wesentlichen Informationen, die sie zum Schreiben eines Berichts über diesen Unfall benötigen. Weitere Informationen sind im Schülerheft in dem Kasten unter S 11.5 abgedruckt.

Im **6. Arbeitsschritt** werden die ausgefüllten Formulare unter den Gruppen ausgetauscht, besprochen und ergänzt. Auf eine ausführliche Besprechung im Plenum kann verzichtet werden, da die Schüler als **Hausaufgabe** einen vollständigen Bericht zu dem Unfall auf der Basis ihres Schreibplans anfertigen sollen. Schreibplan und Bericht können dann vom Lehrer oder in einer Schreibkonferenz korrigiert werden.

LS 11.M1 Muster-Formular für einen Schreibplan

Formular für einen Schreibplan

EINLEITUNG

Wer? ______________________________

____

Wo? ______________________________

____

Was? ______________________________

____

Wann? ______________________________

____

HAUPTTEIL

Wie? 1. ______________________________

Warum? ______________________________

2. ______________________________

____

3. ______________________________

____

4. ______________________________

____

5. ______________________________

____

-
-
-

SCHLUSS

Welche Folgen? ______________________________

____

____

LS 12 Berichte nach Bildern und Skizzen kriterienorientiert schreiben

		Zeit	Lernaktivitäten	Material	Kompetenzen
1	PA	10′	S lesen die Checkliste. Sie überprüfen, ob ihnen alle Punkte verständlich sind, und schauen noch einmal auf den entsprechenden Seiten im Schülerheft nach.	S 12.1	- einen Bericht verfassen - zentrale Schreibform (Bericht) beherrschen - Stoffsammlung/Schreibplan erstellen - Text kriterienorientiert schreiben - Schreibkonferenz durchführen - Texte inhaltlich und sprachlich überarbeiten
2	EA	45′	S wählen einen Vorschlag aus, erstellen einen Schreibplan und schreiben einen Bericht.	S 12.2	
3	GA	25′	S überarbeiten in einer Schreibkonferenz unter Berücksichtigung der Checkliste ihre Berichte.	S 12.3	
	HA		S schreiben ihren Bericht in Reinschrift noch einmal ab.		

Erläuterungen zur Lernspirale

✓ **Merkposten**
- Losgegenstände
- Regelblatt für die Schreibkonferenz vorbereiten

Ziel der Doppelstunde ist, dass die Schüler selbstständig einen Bericht schreiben und dabei alle in den vorangegangenen Lernspiralen erarbeiteten Kriterien berücksichtigen. Anschließend sollen sie ihre Texte in einer Schreibkonferenz überarbeiten. Sollte keine Doppelstunde zur Verfügung stehen, so kann der Bericht zu Hause beendet werden. Die Schreibkonferenz würde in diesem Falle in der darauffolgenden Stunde stattfinden.

Zum Ablauf im Einzelnen:
Im **1. Arbeitsschritt** lesen die Schüler eine Checkliste, mit deren Hilfe sie eigene Berichte überprüfen können. Sie erhalten die Gelegenheit, alle Kriterien durchzugehen und zu überprüfen, ob ihnen alle Punkte klar sind. Bei Unklarheiten schlagen sie im Schülerheft die betreffenden Seiten nach oder fragen ihren Partner. Sinnvoll wäre, an dieser Stelle mitzuteilen, dass die Checkliste gleichzeitig auch die Grundlage für die Bewertung eines Aufsatzes ist, der als Klassenarbeit geschrieben wird.

Im **2. Arbeitsschritt** entscheiden sich die Schüler für einen der beiden im Schülerheft abgedruckten Themenvorschläge und fertigen zu diesem einen vollständigen Bericht an. Sie müssen nun – ohne die Hilfe der Gruppe oder des Tandempartners – in der Lage sein, den Materialien alle wichtigen Informationen zu entnehmen, sie in einem Schreibplan zusammenzutragen und entsprechend in einen Bericht umzusetzen. Der Lehrer sollte an dieser Stelle darauf verzichten, jeden Teil einzeln schreiben zu lassen und diesen zwischenzeitlich zu besprechen oder zu kontrollieren. Übungen zu den Einzelteilen eines Berichts wurden in den vorangegangenen Lernspiralen schon durchgeführt. Außerdem dient diese letzte Lernspirale der Aufsatzvorbereitung: Es muss geübt werden, einen kompletten Bericht „in einem Rutsch" zu schreiben.

In der Schreibkonferenz des **3. Arbeitsschrittes** setzen sich die Schüler kritisch mit ihrem und den Berichten ihrer Mitschüler auseinander. Das Ziel ist, sich gegenseitig zu erzählen, was bei den vorgelesenen Beispielen gelungen ist und wo sie verbessert werden könnten. Dabei orientieren sich alle an der Checkliste. Die Gruppen werden nicht nach dem Zufallsprinzip gebildet. Jede Gruppe sollte stattdessen vom Lehrer so zusammengestellt werden, dass leistungsschwächere und leistungsstärkere Schüler zusammenarbeiten.

Damit eine Schreibkonferenz gelingt und zu produktiven Verbesserungsvorschlägen führt, müssen die Schüler einige Regeln beachten:

Mögliche Regeln für eine Schreibkonferenz:
- Ein Schüler liest seinen Text vor.
- Die anderen hören genau zu.
- Jeder kann sagen, was ihm an dem Text gut gefällt.
- Hat man etwas nicht verstanden, fragt man nach.
- Man überlegt gemeinsam, ob und wie man den Text verbessern kann.
- Bei Verbesserungsvorschlägen sollte man auch auf einzelne Sätze eingehen.

In ungeübten Gruppen werden diese Regeln am besten vorher noch einmal erörtert. Sie können auch vor Beginn der Schreibkonferenz auf einem Blatt ausgeteilt werden. Pro Gruppe ist ein Regelwächter zu bestimmen, der über die Einhaltung der Regeln wacht.

Lernkontrolle

Vorschlag 1

Roberts Aussage:
„Susann aus der 5b, die hat das bestimmt nicht absichtlich gemacht. Andererseits hat sie ihm eindeutig ein Bein gestellt. Also Max, aus der 5a, hat mit dem Fußball auf dem Schulhof das Köpfen geübt, hinten bei den Tischtennisplatten. Naja, dabei musste er halt immer nach oben schauen.
Die Mädchen standen da und haben zugeschaut – nein, sie sind erst dazugekommen. Und getuschelt haben die auch die ganze Zeit. Susann ist dann zu Max gegangen und hat ihren Fuß vor ihn gestellt. Das konnte Max ja nicht sehen. Wie gemein! Auf jeden Fall ist Max plötzlich über Susanns Fuß gestolpert. Er ist umgefallen wie ein Baum, so nach vorn und genau mit seinem Kopf auf einen Stein. Am Kopf vorn hat er geblutet. Mir ist ganz anders. Susann bekommt bestimmt einen Verweis. Das hätte sie jedenfalls verdient."

Vorschlag 2

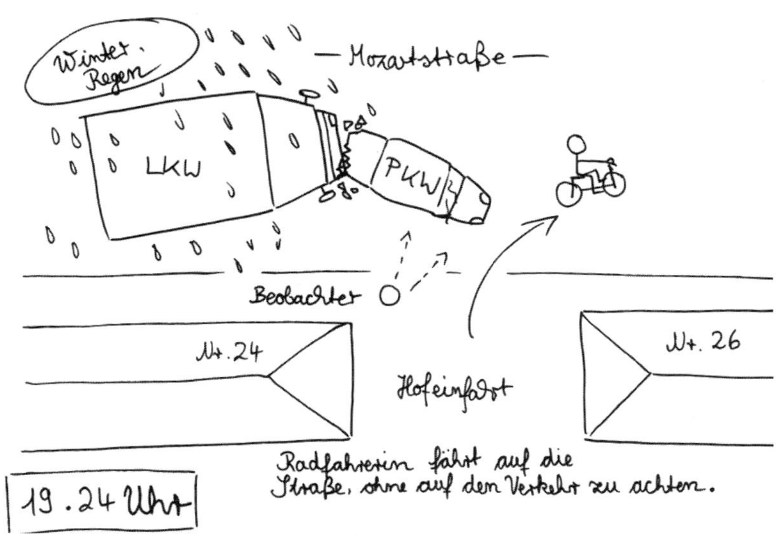

Anmerkungen
Radfahrerin: Maria Köhler, Schülerin einer Realschule in Hannover
Datum: 27.01.2008
Du bist der Beobachter und stehst in der Hofeinfahrt.

Mögliches Bewertungsraster für einen Bericht

Dieses Raster stellt nur eine von mehreren Möglichkeiten dar, wie ein Aufsatz zum Thema „Bericht" bewertet werden kann. Die Punkte unter „Inhalt/Aufbau" und „Sprache" beziehen sich weitestgehend auf die im Heft behandelten Aspekte. Die Punkte unter „Äußere Form" sollten in die Bewertung nur aufgenommen werden, wenn sie im Unterricht besprochen bzw. trainiert wurden.

Bewertung für deinen Bericht

Inhalt/Aufbau		
Dein Bericht besteht aus den drei Teilen Einleitung, Hauptteil und Schluss.		3
Du hast in deiner Einleitung die W-Fragen Wer?, Wo?, Was? und Wann? in ein bis zwei vollständigen Sätzen beantwortet.		4
Du hast im Hauptteil die W-Fragen Wie? und Warum? beantwortet.		2
Du hast im Hauptteil in der richtigen Reihenfolge berichtet.		2
Du hast dich kurz gefasst und Wichtiges von Unwichtigem getrennt.		3
Du hast auf die Erzeugung von Spannung verzichtet.		1
Du hast keine persönlichen Meinungen oder Gefühle geschildert.		1
Du hast keine Vermutungen angestellt, sondern nur über Tatsachen berichtet.		3
In deinem Schlusssatz gehst du auf Folgen, Hintergründe, Hoffnungen oder Befürchtungen ein oder rundest deinen Bericht ab.		1
		20

Sprache		
Du hast in einem sachlichen Stil geschrieben.		3
Du hast keine wörtliche Rede verwendet.		1
Du hast keine Adjektive verwendet, die zu Übertreibungen führen.		1
Du hast die Zeitform des Präteritums eingehalten.		2
Du hast sprachliche Wiederholungen vermieden.		1
Dein Satzbau ist weitgehend richtig und abwechslungsreich.		3
Du hast dich grammatisch richtig ausgedrückt.		2
		13

Äußere Form		
Du hast die Überschrift „Aufsatz Nr. X" ordentlich über deinen Text geschrieben und mit Lineal unterstrichen.		1
Du hast das Datum an den rechten oberen Rand geschrieben.		1
Du hast dich um eine ordentliche Schrift bemüht.		1
Du hast den Rand eingehalten.		1
Du hast ungültige Textstellen mit einem Lineal durchgestrichen.		1
		5

Zeitformen des Verbs

Der Lern- und Arbeitsprozess

A Vorwissen und Voreinstellungen aktivieren

LS 01 Thematische Vorkenntnisse mehrstufig reflektieren
▶ Verben der gleichen Zeitform unterstreichen ▶ Verben nach Zeitformen geordnet in eine Tabelle eintragen ▶ eigene Verb-Beispiele zu vorgegebenen Zeitformen bilden ▶ Übungsschwerpunkte in einem Text formulieren

B Neue Kenntnisse und Verfahrensweisen einüben

LS 02 Suchrätsel zum Präsens entwickeln und lösen
▶ Infokasten lesen ▶ Lückensätze mit Verben im Präsens vervollständigen ▶ Sätze nach Aussage sortieren ▶ Suchrätsel erstellen ▶ HA: Suchrätsel lösen

LS 03 Verben eines Gedichtes ins Präteritum setzen
▶ Infokasten lesen ▶ Präteritumverben in einem kurzen Text unterstreichen ▶ starke und schwache Verben unterscheiden ▶ eine Fortsetzung zum Text im Präteritum verfassen ▶ Präteritum schwieriger Verben im Wörterbuch nachschlagen ▶ Reime eines Gedichts durch Umwandeln der Verben ins Präteritum herstellen

LS 04 Das Perfekt als Vergangenheitsform des Mündlichen erkennen
▶ Infokasten lesen ▶ künstliche Wirkung eines im Präteritum gehaltenen Gesprächs erfassen ▶ Verben vom Präteritum ins Perfekt setzen und in Tabelle eintragen ▶ Umschreiben des Gesprächs durch Ersetzen der Präteritumverben ▶ Vergleich der Wirkung beider Gesprächsvarianten

LS 05 Den Gegenwartsbezug des Perfekts schematisch darstellen
▶ Infokasten lesen ▶ Sätze und Satzteile der Gegenwart und der Vergangenheit zuordnen ▶ eigene Sätze erfinden, in denen Vergangenes in die Gegenwart hineinwirkt ▶ Basteln eines Pfeilschemas ▶ Präsentation

LS 06 Skizzen und Schaubilder zum Plusquamperfekt anfertigen
▶ Infokasten lesen ▶ Skizzen zu Satzaussagen anfertigen ▶ Sätze mit Präteritum und Plusquamperfekt bilden ▶ Schaubild anfertigen ▶ Präsentation

LS 07 Das Futur in einem gespielten Interview anwenden
▶ Infokasten lesen ▶ Sätze ins Futur setzen ▶ Zukunftsbild zeichnen und dazu Sätze im Futur schreiben ▶ Interview mit Zukunftsexperten vorbereiten ▶ Interview spielen

C Komplexe Anwendungs- und Transferaufgaben

LS 08 Ein Lernplakat zu den Zeitformen gestalten
▶ Informationen zu je einer Zeitform zusammentragen und rekapitulieren ▶ Informationsaustausch in themengleichen Gruppen ▶ Lernplakat in Mischgruppen erstellen und Vortrag vorbereiten ▶ Präsentation

Abkürzungen und Siglen

LS = Lernspirale
LV = Lehrervortrag
EA = Einzelarbeit
PA = Partnerarbeit
GA = Gruppenarbeit
PL = Plenum
HA = Hausarbeit/Hausaufgabe
M = Material

L = Lehrerin oder Lehrer
S = Schülerinnen und Schüler

In den Erläuterungen zur Lernspirale wird für Lehrerinnen und Lehrer bzw. für Schülerinnen und Schüler ausschließlich die männliche Form verwendet. Dabei ist die weibliche Form stets mitgemeint.

Hinweis zum Zeitansatz
Eine Lernspirale ist für 90 (45) Minuten konzipiert. In der Regel wird nicht die volle Unterrichtszeit verplant, sondern pro Lernspirale ein Zeitpuffer von 5–10 Minuten einkalkuliert (um aufzuräumen, organisatorische Alltagsgeschäfte zu erledigen oder Schülern ein Feedback zu geben).
Je nach Größe und Leistungsstärke der Lerngruppe muss der Zeitansatz, der im Stundenraster für jede Unterrichtsphase ausgewiesen ist, entsprechend angepasst werden.

LS 01 Thematische Vorkenntnisse mehrstufig reflektieren

		Zeit	Lernaktivitäten	Material	Kompetenzen
1	EA	5′	S unterstreichen die Verben einer Zeitform jeweils mit der gleichen Farbe und kreuzen anschließend Checkpoint 1 an.	S 01.1 LS 01.M1	- Wortarten (Verb) kennen und funktional gebrauchen - grammatische Kategorie (Tempus) kennen und nutzen - zielgerichtet arbeiten und kooperieren - Präsentationstechniken nutzen - anschaulich über Arbeitsergebnisse informieren - artikuliert und verständlich reden - kritische Bewertung vornehmen - in lesbarer Handschrift schreiben
2	PA	10′	S ordnen die Verben den einzelnen Zeitformen zu und schreiben sie in eine Tabelle. Sie kreuzen Checkpoint 2 an.	S 01.2 LS 01.M1	
3	GA	15′	S schreiben zu jeder Zeitform vier eigene Verb-Beispiele auf Karten und formulieren mit diesen Verben Beispielsätze auf einem Notizzettel. Sie kreuzen Checkpoint 3 an.	S 01.3	
4	PL	10′	Stafettenpräsentation: S ordnen ihre Karten den einzelnen Zeitformen zu, hängen sie an die Tafel und verlesen den entsprechenden Beispielsatz.	LS 01.M2	
5	HA		S kreuzen Checkpoint 4 an. Anschließend reflektieren sie noch einmal die einzelnen Checkpoints und formulieren ihre Stärken und ihren Übungsbedarf in einem kurzen Text.	S 01.4 S 01.5	

✓ Merkposten

- Losgegenstände
- LS 01.M1 auf Folie kopieren
- Moderationskarten
- dicke Filzstifte
- Befestigungsmaterial

Erläuterungen zur Lernspirale

Ziel der Einzelstunde ist es, die Vorkenntnisse der Schüler zu den Zeitformen des Verbs zu aktivieren. Außerdem erhalten sie die Möglichkeit zu reflektieren, wo sie über fundierte Kenntnisse verfügen und wo sie Übungsbedarf haben.
Die Einzelstunde ist knapp bemessen. Schwächere Lerngruppen benötigen eine Doppelstunde oder eine zweite Einzelstunde. Die Hausarbeit würde dann entfallen und Teil des Unterrichts werden.

Zum Ablauf im Einzelnen:
Um im **1. Arbeitsschritt** die Verben der gleichen Zeitform mit jeweils einer Farbe unterstreichen zu können, müssen die Schüler die grundsätzlichen Regeln zu deren Bildung kennen. Sie überprüfen und korrigieren ihre Ergebnisse über die projizierte Lösungsfolie (LS 01.M1). Am 1. Checkpoint halten sie fest, ob ihnen die Übung leicht- oder schwerfällt.

Im **2. Arbeitsschritt** versuchen die Schüler, das Wortmaterial den einzelnen Zeitformen zuzuordnen. Sicher werden einige Schüler unsicher sein. Um ihnen mögliche Ängste zu nehmen, sollte der Lehrer darauf hinweisen, dass es sich hier nur um einen Test zur Selbsteinschätzung handelt. Nachdem die Übung über die Lösungsfolie überprüft und korrigiert wurde, kreuzen die Schüler den 2. Checkpoint an. Jeder einzelne Checkpoint kann später Grundlage für ein Einzelgespräch sein (Festlegen von Übungsschwerpunkten bei der Arbeit mit diesem Heft).

In der Gruppenarbeit des **3. Arbeitsschritts** soll nun eigenes Wortmaterial zu jeder Zeitform erstellt werden. Hierbei nutzen die Schüler ihr Vorwissen zur grammatischen Kategorie des Tempus. Sie bilden Sätze zu situativen Zusammenhängen. Wie schon zuvor entscheidet jeder Schüler am 3. Checkpoint, ob ihm diese Arbeit leicht- oder schwergefallen ist.

Für die Stafettenpräsentation im Plenum des **4. Arbeitsschritts** sind Karten mit den Bezeichnungen der Zeitformen vorzubereiten und an die Tafel zu hängen (siehe LS 01.M2). Die Schüler ordnen ihre Karten den Zeitformen zu und lesen jeweils die entsprechenden Sätze vor. Im Unterrichtsgespräch werden die Zuordnungen geprüft und besprochen.

In der **Hausarbeit** kreuzen die Schüler nun den 4. Checkpoint an und gehen die ersten drei Checkpoints noch einmal durch. Sie denken über ihr Wissen nach. Ihre Erkenntnisse verbalisieren sie in einem kurzen Text, der die Grundlage für ein beratendes Gespräch sein könnte.

Notizen:

LS 01.M1 Lösungen

▶ **Lösung zu S 01.1**

ich höre wir konnten du wirst laufen ich gab
ihr werdet fliegen du bist gefahren er saß
ich hatte gelogen er hat geschlafen sie waren angekommen
er badet wir haben gegessen du hattest verloren
wir rennen ich werde holen

▶ **Lösung zu S 01.2**

Plusquamperfekt/ Vorvergangenheit	Präteritum/ Vergangenheit	Perfekt/ unvollendete Vergangenheit	Präsens/ Gegenwart	Futur/ Zukunft
hatte gelogen	konnten	bist gefahren	höre	wirst laufen
waren angekommen	gab	hat geschlafen	badet	werdet fliegen
hattest verloren	saß	haben gegessen	rennen	werde holen

LS 01.M2 Stafettenpräsentation zum 4. Arbeitsschritt

Plusquamper-fekt/Vorver-gangenheit	Präteritum/ Vergangenheit	Perfekt/ unvollendete Vergangenheit	Präsens/ Gegenwart	Futur/ Zukunft
...	...	...	...	...
...	...	...	...	...
...	...	...	...	...

LS 02 Suchrätsel zum Präsens entwickeln und lösen

		Zeit	Lernaktivitäten	Material	Kompetenzen
1	EA	5′	S lesen Infokasten und setzen Verben im Präsens in der passenden Personalform in Lückensätze ein.	S 02.1	- funktionalen Zusammenhang grammatischer Kategorien (Tempus – Präsens) kennen und nutzen - Wortarten (Verb) kennen und funktional gebrauchen - Arbeitsaufträge erfassen und korrekt umsetzen - zielgerichtet arbeiten und kooperieren - Textverarbeitungsprogramme und ihre Möglichkeiten nutzen
2	PA	5′	S vergleichen und korrigieren ihre Ergebnisse. Sie markieren Sätze, die ausdrücken, dass etwas ständig passiert, mit einem roten Punkt. Die Sätze, die ausdrücken, dass etwas gerade passiert, erhalten einen grünen Punkt.	S 02.2	
3	PL	10′	Ein ausgelostes Tandem stellt seine Ergebnisse vor. In der Klasse werden diese diskutiert und eventuell berichtigt.		
4	GA	20′	S fertigen nach der Anleitung des Arbeitsblatts ein Suchrätsel an.	S 02.3 LS 02.M1	
	HA		S lösen mindestens zwei Suchrätsel einer anderen Gruppe.	S 02.4	

✓ **Merkposten**

- Losgegenstände
- LS 02.M1 kopieren

Erläuterungen zur Lernspirale

Ziel der Einzelstunde ist, dass sich die Schüler die Verwendung des Präsens selbstständig erarbeiten. Dabei sollen sie erkennen, dass diese Zeitform gegenwärtiges Geschehen bezeichnet. Sie wird aber auch für allgemeingültige Feststellungen und zur Kennzeichnung wiederkehrender Ereignisse verwendet. Die Schüler wenden ihre Kenntnisse beim Erstellen eines Suchrätsels an.

Sollen die Rätsel im Unterricht gelöst werden, wird eine Doppelstunde oder eine zweite Einzelstunde benötigt. Das hätte den Vorteil, dass der Lehrer in einer Pause Zeit zum Kopieren der Rätsel hat.

Zum Ablauf im Einzelnen:
Bevor die Schüler im **1. Arbeitsschritt** die Lückensätze bearbeiten, lesen sie die Kurzinformation im Infokasten. Diese ist überschaubar, auf eine mehrschrittige Verständnisklärung kann verzichtet werden. Dennoch kann in schwächeren Lerngruppen der Inhalt des Infokastens in einem Klassengespräch kurz erläutert werden. Zudem kann die in der Randspalte aufgeführte Übung zu den Personalformen des Verbs vor der eigentlichen Übung bearbeitet werden.

Im **2. Arbeitsschritt** vergleichen die Schüler ihre Ergebnisse und beachten dabei die richtige Verwendung der jeweiligen Personalform des Verbs. Die anschließende Übung richtet den Blick auf die unterschiedlichen Anwendungsmöglichkeiten des Präsens. Die Schüler müssen entscheiden, welche der Sätze sich auf etwas Allgemeingültiges/sich ständig Wiederholendes beziehen und welche ein gegenwärtiges Geschehen bezeichnen.

Im **3. Arbeitsschritt** liest ein ausgelostes Tandem seine Ergebnisse vor und begründet jeweils die Entscheidung für einen roten oder grünen Punkt. Dabei wird zugleich überprüft, ob die im 1. Arbeitsschritt eingesetzten Verben in der richtigen Personalform im Präsens stehen. Die Ergebnisse werden in der Klasse diskutiert und bei Bedarf berichtigt.

Im **4. Arbeitsschritt** erstellen die Schüler ein Suchrätsel, indem sie Verben im Präsens in einem Buchstabengitter verstecken. Sie erarbeiten sich die Arbeitsanweisung (siehe LS 02.M1) selbstständig. Bei der Anfertigung der Rätsel arbeiten sie genau und sauber, da die Rätsel jeweils von anderen Schülern gelöst werden. Stehen im Klassenraum mehrere Computer zur Verfügung, können kundige Schüler die Rätsel in digitaler Form erstellen. Da es sich bei dem Buchstabengitter um eine Tabelle handelt, könnten diese auch in einer Extrastunde mit der gesamten Klasse im Computerraum erstellt werden. Der Schwerpunkt *Tabellen mit dem Computer erstellen** könnte so im Fachunterricht trainiert werden.

Für die **Hausarbeit** müssen die fertiggestellten Rätsel kopiert werden. Wenn dies aus organisatorischen Gründen bis zum Ende der Stunde nicht erfolgt ist, werden die Rätsel in der nächsten Stunde ausgeteilt und bearbeitet.

* Eine Lernspirale zum Thema *Tabellen mit Hand und Computer erstellen* befindet sich im Heft mit dem Titel **Sach- und Gebrauchstexte nutzen/Texte visualisieren und präsentieren** dieser Reihe.

LS 02.M1 Anleitung zum Erstellen eines Suchrätsels

1. Zeichnet auf ein unliniertes Blatt Papier ein quadratisches Gitter mit 18 mal 18 Kästchen. Ein Kästchen soll 1 cm hoch und 1 cm breit sein.
2. Wählt ein Personalpronomen und ein Verb aus den Listen. Setzt das Verb im Präsens in die Personalform des von euch gewählten Personalpronomens (Beispiel: du + essen → du isst).
3. Schreibt das Pronomen und das veränderte Verb zusammen in das Gitter. Ihr dürft von links nach rechts und von oben nach unten schreiben.
4. Schreibt in dieser Form mindestens neun weitere veränderte Verben in das Gitter.
5. Versteckt die Verben, indem ihr in die noch freien Kästchen beliebige Buchstaben schreibt.
6. Die Schüler, die euer Rätsel lösen, sollen die Verben finden und einkreisen. Macht es ihnen nicht zu einfach!

Beispiel für ein Suchrätsel (Ausschnitt)

S	Q	W	R	E	T	Z	U	I	J	G	E	F	D	S
R	R	F	D	Y	D	U	L	Ä	U	F	S	T	J	K
Q	W	E	R	T	Z	U	I	O	P	Ü	K	A	S	D
W	I	R	K	R	I	E	C	H	E	N	I	Y	X	D
A	S	D	F	G	H	J	K	L	Ö	Ä	P	Ü	P	O
W	S	X	E	D	V	R	F	B	T	H	P	Z	J	M
Q	Ü	W	P	E	O	R	I	T	Z	U	T	D	F	G
Y	A	Q	W	S	X	C	D	E	R	F	V	T	G	B

Liste der Personalpronomen

ich
du
er / sie / es
wir
ihr
sie

Liste der Verben

beißen, fangen, kriechen, lügen, reißen, schneiden, stehlen, treffen, verlieren, betrügen, gewinnen, leihen, messen, schieben, schweigen, steigen, treten, verschwinden, denken, heben, lieben, raten, schleichen, stechen, streiten, vergessen, werfen, öffnen, klingeln, geschehen, scheinen, klopfen, befehlen, bitten, beten, bleiben, bringen, denken, frieren, pfeifen, reiten, schelten

LS 03 Verben eines Gedichtes ins Präteritum setzen

		Zeit	Lernaktivitäten	Material	Kompetenzen
1	EA	10′	S lesen den Text *Ein erschreckender Anblick* und unterstreichen Verben im Präteritum. Informationen zum Präteritum entnehmen sie dem Infokasten.	S 03.1	- funktionalen und situativen Zusammenhang grammatischer Kategorien (Tempus – Präteritum) kennen und nutzen - Wortarten (Verb) kennen und funktional gebrauchen - Nachschlagewerke nutzen - produktive Schreibformen nutzen (weiterschreiben) - freie Redebeiträge leisten - anschaulich über Arbeitsergebnisse informieren - Präsentationstechniken nutzen - zuhören und Feedback geben - zielgerichtet und kooperativ arbeiten - in lesbarer Handschrift schreiben
2	PA	10′	S vergleichen ihre Ergebnisse. Sie unterstreichen starke Verben rot und schwache grün.	S 03.2	
3	PL	5′	Ein ausgelostes Tandem präsentiert seine Ergebnisse mithilfe der Folie am Overhead-Projektor und begründet seine Zuordnungen zu den starken und schwachen Verben.	LS 03.M1	
4	PA	10′	S schreiben eine Fortsetzung des Textes in fünf Sätzen, die im Präteritum stehen.	S 03.3	
5	GA	10′	S tragen sich ihre Fortsetzungen vor. Sie einigen sich auf eine Fortsetzung und schreiben die darin enthaltenen Verben, nach starken und schwachen geordnet, auf rote und grüne Karten. Die Infinitive der Verben schreiben sie auf die Rückseiten.	S 03.4	
6	PL	10′	Vertreter ausgeloster Gruppen lesen ihre Fortsetzungen Satz für Satz vor und halten dabei die Karten mit den entsprechenden Verben hoch.		
7	GA	10′	S setzen mithilfe des Wörterbuchs schwierige Verben ins Präteritum.	S 03.5	
8	GA	15′	S setzen gemeinsam die Verben des Gedichts ins Präteritum und stellen so die fehlenden Reime her.	S 03.6 LS 03.M2	
	HA		S schreiben zwei weitere Strophen zu dem Gedicht.	S 03.7	

Erläuterungen zur Lernspirale

Ziel der Doppelstunde ist, dass die Schüler das Präteritum als Vergangenheitsform der geschriebenen Sprache erkennen. Sie sollen Sicherheit im Gebrauch dieser Zeitform erlangen, indem sie Regeln zu ihrer Bildung bei starken und schwachen Verben kennen lernen und sich darin üben, Präteritumformen im Wörterbuch zu finden.

Sollte keine Doppelstunde zur Verfügung stehen, ist eine Zäsur nach dem 5. Arbeitsschritt möglich.

Zum Ablauf im Einzelnen:
Sofern die Schüler im **1. Arbeitsschritt** Schwierigkeiten haben, die Präteritumformen zu erkennen, kann auf den Infokasten verwiesen werden. In schwächeren Lerngruppen könnte dessen Inhalt zu Beginn der Stunde in einem kurzen Klassengespräch erläutert werden.

Im **3. Arbeitsschritt** präsentiert ein ausgelostes Tandem die Ergebnisse des **2. Arbeitsschritts**. Dabei überträgt es seine Unterstreichungen auf die Folie und präsentiert am Overhead-Projektor.

Im Plenum des **6. Arbeitsschritts** lesen Vertreter von ein bis zwei ausgelosten Gruppen ihre Fortsetzung des Textes aus dem **4. und 5. Arbeitsschritt** vor. Dabei präsentieren sie auf Karten die in den Sätzen vorkommenden Verben. An der Farbe der jeweiligen Karte können die anderen Schüler erkennen, ob die Zuordnung zu starken und schwachen Verben richtig vorgenommen wurde.

Im **7. Arbeitsschritt** werden schwer umzuformende Verben mithilfe des Wörterbuchs ins Präteritum gesetzt. Wie man die Präteritumformen eines Verbs im Wörterbuch findet, wird in der Randspalte des Schülerhefts erklärt. Die Schüler formen die Verben zunächst allein um, anschließend vergleichen sie ihre Ergebnisse in der Gruppe. Die Ergebnisse brauchen im Plenum nicht noch einmal abgeglichen zu werden – in Streitfällen kann das Wörterbuch aufklären.

Im **8. Arbeitsschritt** entstehen die Reime des Gedichts in der ursprünglichen Form, indem die unterstrichenen, im Perfekt stehenden Verben ins Präteritum gesetzt werden. Bei fehlerfreiem Arbeiten reimen sich die Verse und eine Ergebniskontrolle ist überflüssig.

In der **Hausarbeit** sollen die Schüler das Gedicht um zwei Strophen erweitern und dabei das Präteritum verwenden.

✓ Merkposten

- Losgegenstände
- LS 03.M1 und LS 03.M2 auf Folie kopieren
- rote und grüne Moderationskarten

LS 03.M1 Folie zum Textbeispiel

Ein erschreckender Anblick

Als Herr Direktor J., bevor er von zu Hause wegging, noch rasch in den Spiegel seines Korridors schaute, erschrak er. Sein Anzug war zwar in Ordnung, auch die Krawatte saß, aber dort, wo sonst sein Gesicht war, sah er einen Wasserhahn. Das muss eine Täuschung sein, dachte Herr J. und wollte sich ins rechte Ohr kneifen, aber stattdessen drehte er das heiße Wasser auf, das sich nun in einem vollen Strahl auf sein Hemd ergoss. Mit einem Aufschrei schloss er den Hahn wieder und in dem Moment sah er, dass er sich wirklich getäuscht hatte – im Spiegel war sein normales Gesicht und auch als er es mit den Händen abtastete, änderte sich nichts mehr, von einem Wasserhahn konnte keine Rede sein. Beruhigt wandte sich Herr Direktor J. der Türe zu, da merkte er, dass er so nicht gehen konnte. Sein Anzug war durch und durch nass und unter dem Hemd spürte er einen brennenden Schmerz, der langsam stärker wurde.

LS 03.M2 Lösung zum Gedicht unter S 03.7

Dunkel war's ...

Dunkel war's, der Mond schien helle,
schneebedeckt die grüne Flur,
als ein Auto blitzesschnelle,
langsam um die Ecke fuhr.

Drinnen saßen stehend Leute,
schweigend ins Gespräch vertieft,
als ein totgeschossner Hase
auf der Sandbank Schlittschuh lief.

Und der Wagen fuhr im Trabe
rückwärts einen Berg hinauf,
droben zog ein alter Rabe
gerade eine Turmuhr auf.

Und auf einer roten Bank,
die blau angestrichen war,
saß ein blondgelockter Jüngling,
mit kohlrabenschwarzem Haar.

Neben ihm 'ne alte Schrulle,
die kaum siebzehn Jahr alt war,
in der Hand 'ne Butterstulle,
die mit Schmalz bestrichen war.

Oben auf dem Apfelbaume,
der sehr süße Birnen trug,
hing des Frühlings letzte Pflaume
und an Nüssen noch genug.

Von der regennassen Straße
wirbelte der Staub empor,
und ein Junge bei der Hitze
mächtig an den Ohren fror.

Beide Hände in den Taschen
hielt er sich die Augen zu,
denn er konnte nicht ertragen,
wie nach Veilchen roch die Kuh.

Und zwei Fische liefen munter
durch das blaue Kornfeld hin,
endlich ging die Sonne unter,
und der graue Tag erschien.

LS 04 Das Perfekt als Vergangenheitsform des Mündlichen erkennen

		Zeit	Lernaktivitäten	Material	Kompetenzen
1	EA	10′	S lesen den Dialog und notieren in einem Satz ihren ersten Eindruck zum Stil. Anschließend unterstreichen sie alle Verben mit Bleistift.	S 04.1	- funktionalen und situativen Zusammenhang grammatischer Kategorien (Tempus - Perfekt) kennen lernen und nutzen - Wortarten (Verb) kennen und funktional gebrauchen - grammatische Probe (Klangprobe) anwenden - Eigenheiten gesprochener und geschriebener Sprache kennen - über grundlegende Lesefertigkeiten verfügen (flüssiges Lesen) - Arbeitsaufträge korrekt umsetzen
2	PA	10′	S tauschen sich über ihre Eindrücke aus und vergleichen die unterstrichenen Verben.	S 04.2	
3	PA	15′	S legen eine Tabelle nach dem Muster im Schülerheft an und ergänzen sie im Sinne der Aufgabenstellung.	S 04.3	
4	GA	25′	S vergleichen, ergänzen und korrigieren ihre ausgefüllten Tabellen. Sie schreiben den Dialog neu und ersetzen dabei die Verben im Präteritum durch ihre Perfektformen.	S 04.4	
5	GA	10′	S üben das Vorlesen des Originaldialogs und seiner veränderten Form mit verteilten Rollen.	S 04.5	
6	PL	10′	Eine ausgeloste Gruppe liest beide Dialoge vor. Im Klassengespräch werden die Unterschiede noch einmal thematisiert.		

✓ Merkposten

- Losgegenstände

Erläuterungen zur Lernspirale

Ziel der Doppelstunde ist, die Schüler auf die Künstlichkeit des Präteritums in der gesprochenen Sprache hinzuweisen. Dazu wird ein rein im Präteritum verfasster Dialog gelesen und verändert. Den Schülern soll klar werden, dass man im mündlichen Sprachgebrauch eher das Perfekt verwendet, um von Vergangenem zu berichten.
Sollte den Schülern die Bildung des Perfekts nicht mehr oder noch nicht bekannt sein, informieren sie sich mithilfe des Infokastens.

Zum Ablauf im Einzelnen:
Im **1. Arbeitsschritt** lesen die Schüler den Dialog. Mit Sicherheit fällt ihnen auf, dass dieser ungewöhnlich klingt. Eventuell werden sie im Zusammenhang mit der zweiten Aufgabe dieses Arbeitsschritts - dem Unterstreichen der Verben - schon hier feststellen, dass es daran liegt, dass alle Verben im Präteritum stehen.

Im **2. und 3. Arbeitsschritt** werden die unterstrichenen Verben verglichen und bei Bedarf ergänzt. Anschließend legen die Schüler eine Tabelle nach dem im Schülerheft vorgegebenen Muster an. Dort tragen sie alle Verben des Dialogs in die mittlere Spalte ein und wandeln sie in den Infinitiv und in das Perfekt um. Der Infokasten kann unterstützen.

Sollten die Regeln zur Bildung des Perfekts der Lerngruppe noch unbekannt sein, müssten diese zu Beginn der Stunde in einem kurzen Klassengespräch thematisiert werden. Die in der Randspalte des Schülerheftes abgedruckte Übung zu den Hilfsverben kann hierbei hilfreich sein.

Im **4. Arbeitsschritt** schreiben die Schüler das Gespräch um. Sie ersetzen alle Verben im Präteritum durch die Form im Perfekt. Damit lernschwächere Schüler sich sicher fühlen, sollte die im Schülerheft vorgegebene Vorgehensweise eingehalten werden.

Im **5. Arbeitsschritt** üben die Schüler das flüssige Vorlesen des Originaldialogs und seiner veränderten Form. Da für jeden Dialog zwei Schüler zusammenarbeiten müssen, sind Vierergruppen von Vorteil.

Im **6. Arbeitsschritt** werden beide Dialoge von einer ausgelosten Gruppe vorgelesen. Dadurch erhalten die Schüler noch einmal die Möglichkeit, den künstlichen Charakter des im Präteritum verfassten Gesprächs auf sich wirken zu lassen. In einem abschließenden Klassengespräch kann auf die Wirkung beider Texte noch einmal eingegangen werden.

Notizen:

LS 05 Den Gegenwartsbezug des Perfekts schematisch darstellen

		Zeit	Lernaktivitäten	Material	Kompetenzen
1	EA	5′	S lesen den Infokasten und füllen anschließend die Leerstellen des Schaubilds aus.	S 05.1 LS 05.M1	- funktionalen und situativen Zusammenhang grammatischer Kategorien (Tempus – Perfekt) kennen lernen und nutzen - Wortarten (Verb) kennen und funktional gebrauchen - Schemata entwickeln - Arbeitsaufträge korrekt umsetzen - zielgerichtet und kooperativ arbeiten
2	PA	10′	S schreiben die vorgegebenen Sätze ab. Entsprechend dem vorher bearbeiteten Schaubild zeichnen sie Pfeile ein und beschriften diese.	S 05.2 LS 05.M1	
3	GA	5′	S vergleichen und korrigieren ihre Ergebnisse. Analog zur vorhergehenden Partnerarbeit erfinden sie drei eigene Sätze.	S 05.3	
4	GA	10′	S basteln Papierpfeile und beschriften diese mit ihren erfundenen Sätzen. Anschließend kleben sie Karten mit den Begriffen „Gegenwart" und „Vergangenheit" an die entsprechenden Stellen der Pfeile.	S 05.4 LS 05.M2	
5	PL	10′	Alle Gruppen präsentieren ihre Pfeile an der Tafel.		

Erläuterungen zur Lernspirale

Ziel der Einzelstunde ist, den Schülern zu verdeutlichen, dass das Perfekt dem Präteritum vorgezogen wird, wenn Ereignisse der Vergangenheit in die Gegenwart hineinwirken. Hierzu beschäftigen sie sich mit einem Pfeilschema.

Zum Ablauf im Einzelnen:
Im **1. Arbeitsschritt** lesen die Schüler den Infokasten. Die dort gewonnenen Erkenntnisse sollen sie nun anwenden, indem sie das Pfeilschema bearbeiten. Sollte einigen Schülern nicht gleich klar sein, welcher Satz bzw. Satzteil sich auf die Gegenwart bezieht und welcher auf die Vergangenheit, so könnte ein Hinweis auf die verwendeten Zeitformen der Verben helfen: Die im Präsens stehenden kennzeichnen den Gegenwartsbezug, die im Perfekt den Vergangenheitsbezug.

Die Schüler vergleichen im **2. Arbeitsschritt** ihre Ergebnisse. Dann schreiben sie fünf Sätze aus dem Schülerheft ab und entscheiden über die Richtung der Pfeile und darüber, welcher Satz bzw. Satzteil sich jeweils auf die Gegenwart oder die Vergangenheit bezieht.

Analog zu den Sätzen der vorhergehenden Partnerarbeit entwickeln die Schüler im **3. Arbeitsschritt** eigene Beispiele.

Im **4. Arbeitsschritt** sollen nun Pfeile nach dem Muster im Schülerheft gebastelt werden. Dazu müssen Papierstreifen zur Verfügung gestellt werden. Auf einfachem Wege erhält man diese, indem man DIN-A4-Blätter der Länge nach teilt (siehe LS 05.M2). Die Schüler kleben mehrere der Streifen zu einem längeren zusammen und schreiben anschließend ihren Satz darauf. Sie entscheiden, in welche Richtung ihr Pfeil zeigen muss, und schneiden an dem entsprechenden Ende die Ecken ab, sodass eine Pfeilspitze entsteht. Abschließend kleben sie an die entsprechenden Stellen ihrer Pfeile Karten mit den Begriffen „Gegenwart" und „Vergangenheit".

Im **5. Arbeitsschritt** werden die Pfeile aller Gruppen präsentiert. Im Plenum melden die Schüler zurück, ob die Sätze oder schematischen Darstellungen Fehler enthalten oder richtig sind.

✓ Merkposten

- Losgegenstände
- vorbereitete DIN-A4-Blätter
- Moderationskarten
- dicke Filzstifte
- Befestigungsmaterial

Notizen:

LS 05.M1 Lösungen

▶ Lösung zu S 05.1

Kannst du mir deinen Radiergummi leihen? Ich habe meinen verloren.

▶ Lösung zu S 05.2

Du triffst Timo nicht mehr. Er ist vor einer Stunde weggefahren.

Ich habe meine Brille zu Hause liegen lassen. Jetzt kann ich nichts sehen.

Es ist kalt. Hast du vorhin die Fenster nicht geschlossen?

Seit Johanna Jörg kennen gelernt hat, bin ich Luft für sie.

Hoffentlich regnet es jetzt nicht! Ich habe den Regenschirm nicht mitgenommen.

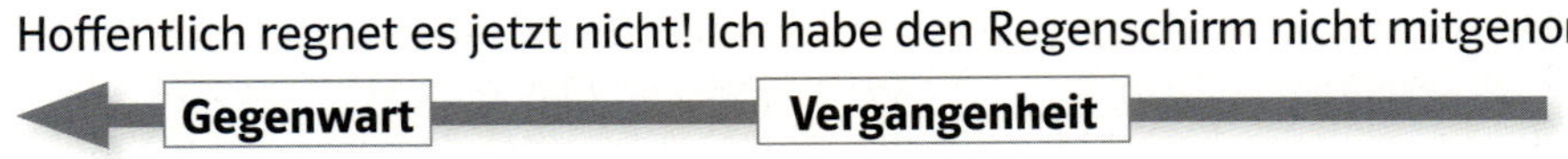

LS 05.M2 Bastelanleitung

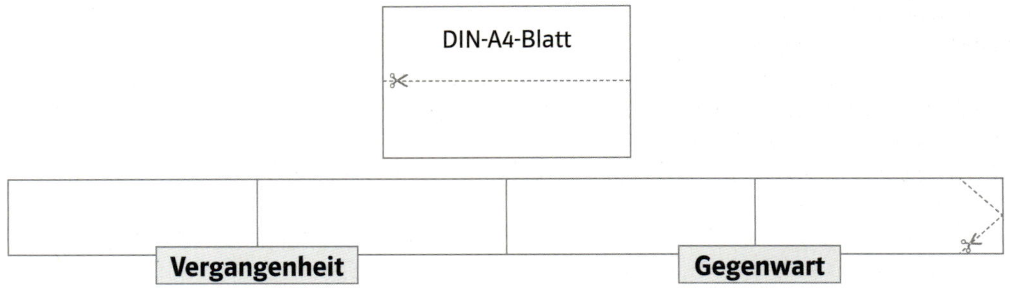

LS 06 Skizzen und Schaubilder zum Plusquamperfekt anfertigen

		Zeit	Lernaktivitäten	Material	Kompetenzen
1	EA	5′	S lesen den Infokasten und informieren sich über die Zeitform des Plusquamperfekts. Anschließend lesen sie zwei Sätze, die in zwei unterschiedlichen Zeitformen verfasst sind. Sie fertigen im Schülerheft zu jedem Satz eine Skizze an.	S 06.1	- funktionalen und situativen Zusammenhang grammatischer Kategorien (Tempus - Plusquamperfekt) kennen lernen und nutzen - Wortarten (Verb) kennen und funktional gebrauchen - Zusammenhänge verdeutlichen - Schaubilder anfertigen - in lesbarer Handschrift schreiben
2	PA	10′	S vergleichen ihre Skizzen und prüfen, ob diese den Inhalt der Sätze treffen. Sie formulieren aus den Vorgaben im Heft Sätze mit Präteritum und Plusquamperfekt. Verben im Präteritum werden rot unterstrichen, Verben im Plusquamperfekt dagegen grün.	S 06.2	
3	GA	20′	S gestalten ein Schaubild nach dem Muster im Schülerheft.	S 06.3	
4	PL	5′	Vertreter einer ausgelosten Gruppe präsentieren ihre Ergebnisse.		

Erläuterungen zur Lernspirale

Ziel der Einzelstunde ist es, die Schüler in den Gebrauch des Plusquamperfekts einzuführen. Vielen Schülern wird diese Zeitform des Verbs unbekannt sein. In schwächeren Lerngruppen ist es deshalb sinnvoll, den Infokasten mit der Klasse gemeinsam zu besprechen oder in einem mehrschrittigen Verfahren dessen Inhalt zu sichern. Da sich dadurch der Zeitrichtwert dieser Stunde verschiebt, müsste die Erarbeitung und Präsentation des Schaubilds in der nächsten Stunde erfolgen.

Zum Ablauf im Einzelnen:
Im **1. Arbeitsschritt** sollen die Schüler je eine Skizze zu den zwei Satzbeispielen im Schülerheft anfertigen. Dabei ist es wichtig, genau zu lesen und zu verstehen. Aufgrund der „Übersetzung" der Sätze ins Bild wird den Schülern auf anschauliche Weise deutlich, dass im zweiten Satzbeispiel die eine Handlung der anderen vorausgeht. Im ersten Satzbeispiel verlaufen beide Handlungen simultan.

Im **2. Arbeitsschritt** betrachten die Schüler ihre Skizzen kritisch in Bezug auf den Inhalt der Sätze. Anschließend bilden sie aus den Vorgaben im Heft Sätze mit Präteritum und Plusquamperfekt. Dabei können sie sich an dem vorgegebenen Beispielsatz orientieren. Sollte ihnen diese Arbeit schwerfallen, so könnte nach diesem Schritt ein Plenum stattfinden, in dem die Ergebnisse vorgestellt und bei Bedarf berichtigt werden.

Im **3. Arbeitsschritt** ordnen die Schüler die einzelnen Teile der Sätze in einem Schaubild jeweils dem Plusquamperfekt und dem Präteritum zu. Das Schaubild fertigen sie auf einem DIN-A3-Blatt nach dem im Schülerheft vorgegebenen Muster an. Der Lehrer weist darauf hin, dass man einige Sätze umstellen muss, um sie korrekt in das Schaubild eintragen zu können.

Im Plenum des **4. Arbeitsschritts** präsentieren die Vertreter einer ausgelosten Gruppe ihr Schaubild und erläutern bzw. begründen ihre Ergebnisse. Bei Bedarf diskutiert und berichtigt die Klasse.

▶ **Lösungen zu S 06.2:**

Wir kamen um 12.00 Uhr in der Jugendherberge an, nachdem wir lange im Zug gesessen hatten.

Ich schrieb eine 5, obwohl ich viel geübt hatte.

Als Martina an den Bahnhof kam, war der Zug schon eingefahren.

Als wir schon gegangen waren, traf Martin ein.

Auf den Gleisen lagen Bäume, die der Sturm gefällt hatte.

Kaum hatte Carlo mich entdeckt, begann er zu miauen.

✓ **Merkposten**
- Losgegenstände
- DIN-A3-Papier
- Befestigungsmaterial

Notizen:

LS 07 Das Futur in einem gespielten Interview anwenden

		Zeit	Lernaktivitäten	Material	Kompetenzen
1	EA	10′	S lesen die Informationen und Beispiele im Infokasten. Sie formen anschließend die im Schülerheft abgedruckten Zukunftsaussagen in das Futur um.	S 07.1	- funktionalen und situativen Zusammenhang grammatischer Kategorien (Tempus - Futur) kennen lernen und nutzen - Wortarten (Verb) kennen und funktional gebrauchen - Interview vorbereiten und vorspielen - kreativ schreiben - sprachlich angemessen vortragen - zielgerichtet und kooperativ arbeiten - Arbeitsaufträge korrekt umsetzen
2	PA	15′	S vergleichen und korrigieren ihre Ergebnisse. Sie zeichnen ein Bild, in dem sie ihre Vorstellungen von der Zukunft darstellen, tauschen ihre Hefte aus und schreiben zu dem Bild ihres Partners fünf Sätze im Futur.	S 07.2	
3	GA	10′	S lesen sich die Sätze gegenseitig vor und überprüfen, ob diese im Futur und in der richtigen Personalform stehen.	S 07.3	
4	GA	30′	S bereiten ein Rollenspiel (Interview) vor, bei dem drei Zukunftsexperten von einer Fernsehmoderatorin befragt werden. Dazu formulieren sie die entsprechenden Fragen und Antworten im Futur und üben das Vorspiel.	S 07.4	
5	PL	15′	Ein bis zwei ausgeloste Gruppen spielen ihr Interview vor. Die Klasse achtet darauf, ob alle Fragen im Futur beantwortet werden.		

Erläuterungen zur Lernspirale

✓ Merkposten

- Losgegenstände

Ziel der Doppelstunde ist, dass sich die Schüler die Verwendung und die Bildung des Futurs selbstständig erarbeiten und ihr erworbenes Wissen in einem gespielten Interview anwenden.
Die Doppelstunde ist zeitlich großzügig bemessen. In schwächeren Lerngruppen könnten deshalb die Inhalte des Infokastens in einem kurzen Klassengespräch erläutert werden. Sollte keine Doppelstunde zur Verfügung stehen, so ist eine Zäsur nach dem 3. Arbeitsschritt möglich. Das Interview müsste dann in der nächste Stunde vorbereitet und gespielt werden.

Zum Ablauf im Einzelnen:
Die Schüler erarbeiten sich im **1. Arbeitsschritt** die Informationen im Infokasten. Anschließend formen sie die im Heft abgedruckten Sätze ins Futur um. Ergänzend könnte an dieser Stelle die in der Randspalte des Schülerheftes abgedruckte Übung zu den Personalformen des Hilfsverbs „werden" durchgeführt werden.

Im **2. Arbeitsschritt** vergleichen und korrigieren die Schüler zunächst ihre umgeformten Sätze. Sollten die Partner unsicher sein, besteht die Möglichkeit, ihnen die Lösungssätze an der Tafel oder über den Overhead-Projektor zu präsentieren. Jeder Schüler zeichnet nun ein Bild, in dem er seine Vorstellungen von der Zukunft darstellt. Erfahrungsgemäß konzentrieren sich solche Schülerbilder auf den Bereich der Technik (z. B. Raumfahrt, Computer, Roboter usw.). Das macht einfache Aussagesätze zu den Bildinhalten möglich. Die Schüler tauschen ihre Hefte aus und schreiben fünf solcher Sätze im Futur auf ein Blatt oder in ihr Deutschheft.

In der Gruppenarbeit des **3. Arbeitsschritts** lesen sich alle Gruppenmitglieder ihre Sätze zu den Bildern ihrer Tandempartner vor. Dabei achten sie als Zuhörer darauf, ob alle Sätze im Futur stehen und ob das Hilfsverb in der richtigen Personalform verwendet wurde.

Im **4. Arbeitsschritt** wird das Interview erstellt und geprobt. Die Schüler formulieren Fragen und die dazu passenden Antworten im Futur. Dazu können sie auf das Satzmaterial des vorhergehenden Arbeitsschritts zurückgreifen. Im Anschluss verteilen sie die Rollen (eine Fernsehmoderatorin, drei Zukunftsexperten) und entscheiden, welche Frage an welchen Zukunftsexperten gestellt wird. Dann üben sie das sichere Vorspielen des Interviews ein- bis zweimal.

Im Plenum des **5. Arbeitsschritts** spielen ein bis zwei ausgeloste Gruppen ihr Interview vor. Dabei achtet die Klasse auf den richtigen Gebrauch des Futurs und gibt den Darstellern ein Feedback.

▶ Lösung zu S 07.1:

1. Menschen werden auf dem Mars landen.
2. Ein Kühlschrank wird automatisch einkaufen.
3. Du wirst im Urlaub auf den Mond fliegen.
4. Wir werden ganz neue Speisen essen.
5. Leider werde ich das alles nicht mehr erleben.
6. Aber ihr werdet dann noch da sein.

LS 08 Ein Lernplakat zu den Zeitformen gestalten

		Zeit	Lernaktivitäten	Material	Kompetenzen
1	EA	10′	Jedem S wird durch Los eine der fünf Zeitformen zugeordnet. S tragen zu dieser alle wichtigen Informationen auf einem Notizzettel zusammen.	S 08.1	- funktionalen und situativen Zusammenhang grammatischer Kategorien (Tempus) kennen - Wortarten (Verb) kennen und funktional gebrauchen - ein Plakat gestalten - Präsentationstechniken nutzen - sprachlich angemessen vortragen - zielgerichtet arbeiten und kooperieren
2	GA	15′	S treffen sich in themengleichen Gruppen zu „ihrer" Zeitform und tauschen sich über den Inhalt ihrer Notizen aus. Sie sammeln Ideen zur visuellen Darstellung ihrer Zeitform.	S 08.2	
3	GA	40′	S treffen sich in Mischgruppen, in denen jede Zeitform einmal vertreten ist, und teilen sich die Ergebnisse der vorhergegangenen Gruppenarbeit mit. Sie gestalten gemeinsam ein Lernplakat und bereiten einen Vortrag zum Thema „Die Zeitformen des Verbs" vor.	S 08.3	
4	PL	15′	Ein bis zwei ausgeloste Gruppen halten ihren Vortrag.		

Erläuterungen zur Lernspirale

Ziel der Doppelstunde ist, dass die Schüler ihr Wissen über die in den vorangegangenen Lernspiralen behandelten Zeitformen des Verbs noch einmal reflektieren. Dazu tragen sie alle relevanten Informationen – wie Bildungsregeln, Verwendung, Beispielsätze usw. – zusammen und gestalten ein übersichtliches Lernplakat, das ihnen zur visuellen Unterstützung eines Vortrags zu den Zeitformen dient.

Zum Ablauf im Einzelnen:
Die Schüler werden im **1. Arbeitsschritt** einer der fünf Zeitformen durch Loskarten zugeordnet (Loskarten in Klassenstärke herstellen und mit den Namen der Zeitformen beschriften). Eine Variante wäre es, die Loskarten mit einem Verb in der entsprechenden Zeitform zu versehen. Die Schüler müssten dann selbst herausfinden, zu welchem Tempus sie arbeiten. Die entsprechenden Seiten im Schülerheft dienen ihnen als Informationsquelle.

Im **2. Arbeitsschritt** treffen sich alle Schüler einer Zeitform in einer Gruppe. Bei Klassen mit durchschnittlich 30 Schülern ergeben sich bei fünf Zeitformen somit 6er-Gruppen. Hier werden zunächst die auf den Notizzetteln gesammelten Informationen ausgetauscht und ergänzt. Anschließend beraten die Schüler darüber, wie sie ihre Zeitform auf einem Plakat, auf dem alle Zeitformen dargestellt werden sollen, am besten präsentieren. Hierbei berücksichtigen sie inhaltliche und gestalterische Aspekte. Die im Schülerheft abgedruckten Leitfragen unterstützen ihre Überlegungen.

In den Mischgruppen des **3. Arbeitsschritts** informieren sich die Schüler über die Ergebnisse aus der vorangegangenen Gruppenarbeit. Anschließend planen und gestalten sie gemeinsam ein Plakat, auf dem alle Zeitformen übersichtlich dargestellt werden. Sinnvoll ist es, wenn sie zunächst einen Entwurf auf einem Blatt Papier anfertigen. Im Schülerheft sind zwei Entwurfsbeispiele abgebildet. Sollten geübte Schüler andere Ideen für das Plakat haben, so sind diese auf jeden Fall zuzulassen und den vorgegebenen Beispielen vorzuziehen. Der Entwurf wird auf einen Plakatbogen übertragen. Einzelne Elemente des Plakats sollten auf Moderationskarten oder buntes Papier geschrieben werden. So können alle Schüler gleichzeitig an der Darstellung arbeiten und Ergänzungen und Korrekturen sind einfacher zu bewerkstelligen. Nach Fertigstellung des Plakats bereiten die Schüler einen Vortrag zum Thema „Die Zeitformen des Verbs" vor. Darin erläutern sie ihre zusammengetragenen Informationen.

Im **4. Arbeitsschritt** halten ein bis zwei ausgeloste Gruppen ihren Vortrag. Dabei dient ihnen das Plakat als Visualisierung. Die Klasse gibt anschließend ein Feedback. Es sollte sich zunächst auf den Inhalt des Vortrags beziehen und erst dann auf die Plakatgestaltung. Wenn viele unterschiedliche und originelle Plakate entstanden sind, könnten diese in der nächsten Stunde in einem Museumsrundgang gewürdigt und besprochen werden.

✓ Merkposten

- Loskarten für die Zeitform-Gruppen herstellen
- Losgegenstände
- Plakatkarton
- Stifte, Kleber, Scheren
- buntes Papier
- Moderationskarten
- Befestigungsmaterial

Lernkontrolle

Die folgenden Aufgaben können zu einem Test zusammengestellt oder als Übungsblätter verwendet werden.

1. Schreibe den Satz „Er geht“ in allen Zeiten.

Präsens: ____________________

Präteritum: ____________________

Perfekt: ____________________

Plusquamperfekt: ____________________

Futur: ____________________

2. Bestimme die Zeitform.

Morgen fahren wir nach Hamburg. Präsens

Wir werden früh aufstehen. ____________________

Ich habe den Dieb gesehen! ____________________

Ich bekam ein schönes Geschenk zu meinem Geburtstag. ____________________

Ich esse ein großes Stück Kuchen. ____________________

Er hatte mich schon gesehen. ____________________

Du wirst bestimmt bald gehen. ____________________

Das hast du nicht gewusst. ____________________

Er lief einfach davon. ____________________

3. Schreibe folgende Sätze im Präsens.

Dieter ____________________ (schlafen) sehr lange.

Die Nachbarn ____________________ (mähen) den Rasen.

4. Schreibe folgende Sätze im Präteritum.

Er ____________________ (sein) im August in Australien.

Wir ____________________ (sammeln) Altglas.

5. Schreibe folgende Sätze im Perfekt.

Ich ____________ meine Hose ____________________ (waschen).

Warum ____________ ihr ____________________ (lachen)?

6. Schreibe folgende Sätze im Futur.

Du ____________ morgen Geburtstag ____________ (feiern).

Wir ____________ am Samstag im Lotto ____________ (gewinnen).

7. Schreibe folgende Sätze im Plusquamperfekt.

Ich ________________ in den Raum ________________ (eintreten).

Du ________________ ________________ (schreien).

8. Setze ins Präteritum und ins Plusquamperfekt.

Er (bringen) sein Auto in die Werkstatt, weil es seinen Auspuff (verlieren).

____

Wir (verpassen) den Bus, obwohl wir uns sehr (beeilen).

____

9. Setze ins Präsens und ins Perfekt.

Er (schicken) mir das Geld nicht, obwohl er dies (versprechen).

____

Der Dieb (können) ins Haus einsteigen, weil Familie Meier das Fenster nicht (schließen).

____

10. Fülle die Tabelle aus, indem du die Verben in die richtigen Personal- und Zeitformen setzt.

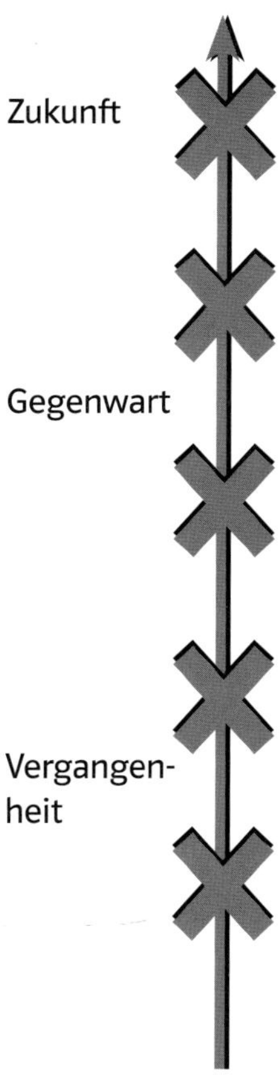

Futur	ich	ihr	wir	ich	du	er
Präsens	ihr	du	er	ich	ich	wir
Perfekt	du	ihr	er	ich	du	wir
Präteritum	er	du	er	ihr	wir	ihr
Plusquamperfekt	ich	du	ich	wir	ihr	er
	kaufen	**laufen**	**essen**	**beißen**	**messen**	**schlafen**

Brainstorming: Das Brainstorming ist mit dem Blitzlicht verwandt und meint die unzensierte und unkommentierte Sammlung von Ideen und/oder Problemlösungsvorschlägen. Der Gedanken- oder Ideensturm soll Schüler aktivieren und Kreativität freisetzen helfen.

Expertengruppe: Dieser Begriff ist doppeldeutig: Von einer Expertengruppe kann zum einen dann die Rede sein, wenn alle Gruppenmitglieder parallel am gleichen Thema arbeiten und diesbezüglich zu Experten werden (siehe auch Stammgruppe), eine Expertengruppe liegt aber auch dann vor, wenn die einzelnen Gruppenmitglieder Spezialisten für unterschiedliche Gebiete sind (siehe auch Mischgruppe).

Feedback: Die Schüler geben Mitschülern oder auch Lehrern Rückmeldungen zu bestimmten Arbeitsphasen bzw. Arbeitsweisen. Das Feedback folgt bestimmten Regeln und sollte auf jeden Fall fair und ermutigend sein.

Lehrervortrag: Die Lehrkraft präsentiert/erläutert lernrelevante Sachverhalte an der Tafel oder in anderer Weise im Plenum. Damit wird den Schülern „Futter" für die Eigenarbeit gegeben.

Mischgruppen: Die Mitglieder unterschiedlicher Stammgruppen werden quer gemischt, so dass sich in jeder Mischgruppe mindestens ein Vertreter aller Stammgruppen findet (siehe auch Gruppenpuzzle sowie Querschnittsgruppe).

Museumsrundgang: Die Schüler sichten alleine oder in Gruppen die im Klassenraum aushängenden bzw. ausliegenden Lernprodukte, holen Informationen ein und besprechen etwaige Unklarheiten.

Partnerberichte: Die Schüler berichten sich im Doppelkreis oder in anders gebildeten Zufallstandems zu einem bestimmten Thema bzw. Arbeitsauftrag.

Rollenspiel: Das Hineinschlüpfen einzelner Schüler in spezifische Rollen, um bestimmte Personen, Gespräche oder Konflikte in spielerischer Weise abzubilden.

Spickzettel: DIN-A7-Kärtchen, auf dem sich ein Schüler das Wichtigste zu einem bestimmten Thema stichwortartig notiert. Die Zahl der Wörter kann z. B. auf 10 begrenzt werden; Skizzen, Symbole und andere grafische Elemente können hinzukommen. Der Spickzettel sollte gut strukturiert sein und dient z.B. als Lernhilfe oder als Gedächtnisstütze bei Präsentationen.

Stafettenpräsentation: Die Schüler stehen in gestaffelten Halbkreisen vor der Pinnwand/Tafel und heften ihre vorbereiteten Stichwortkarten nach und nach an. Jeder hat in der Regel nur eine Karte und muss von Fall zu Fall entscheiden, ob und wie er sich anschließen möchte.

Tandempräsentation: Die Präsentation der Arbeitsergebnisse vor der Klasse erfolgt zu zweit. Die Präsentation kann gleichberechtigt erfolgen; sie kann aber auch so aussehen, dass ein Schüler als Hauptpräsentator und ein zweiter als Assistent ausgelost wird.

Zufallsgruppe/Zufallstandem: Gruppen- bzw. Tandembildung mittels Abzählen, Spielkarten, Puzzlebildung, Namenskärtchen oder anderen Formen des Losverfahrens.

Weitere Begrifflichkeiten werden im Internet unter www.klippert-medien.de erklärt.